Ian Hacking

Menschenarten
The Looping Effects of Human Kinds

Mit einem Vorwort von Josef Zwi Guggenheim
und einem Nachwort von Peter Schneider

Deutschsprachige Erstausgabe

Das englische Original «The looping effects of human kinds» erschien 1995 in dem von Dan Sperber, David Premack and Ann James Premack herausgebenen Sammelband «Causal Cognition. A multidisciplinary Debate. A Fyssen Foundation Symposion» (Oxford: Clarendon Press).

Aus dem Englischen übersetzt von Patricia Kunstenaar, Josef Zwi Guggenheim und Peter Schneider.

sphèressays
1. Auflage

Vorwort: Josef Zwi Guggenheim
Nachwort: Peter Schneider
Lektorat und Redaktion: Daniel Schiesser, Lisa Heller
Übersetzung: Peter Schneider, Josef Zwi Guggenheim, Patricia Kunstenaar
Gestaltung: one marketing services AG, Zürich

Vorwort

Josef Zwi Guggenheim

Der Titel «Menschenarten» könnte leicht zu dem Missverständnis verleiten, es ginge in diesem Buch um die Biologie des Menschen, etwa um die Frage, in welchen biologischen Arten – oder gar Rassen – Menschen auftreten. Dabei haben wir nur versucht, den so leichtfüssig daherkommenden Titel des Aufsatzes möglichst kurz zu fassen: *The Looping Effects of Human Kinds.* «Menschenarten» werden durch Kategorien von menschlichem Verhalten und menschlichen Existenzweisen definiert und verhalten sich gegenüber der Tatsache ihrer Kategorisierung nicht indifferent. (Einem Wal hingegen ist es egal, ob er als Fisch oder als Säugetier kategorisiert wird.) Man könnte auch sagen: Menschenarten entstehen, vergehen und verändern sich in den Konfliktzonen zwischen nominalistischen und realistischen, naturalistischen und konstruktivistischen Positionen. Menschenarten stellen uns damit auch immer wieder vor die Aufgabe, unsere Haltung gegenüber diesen Positionen zu überprüfen: Was meinen wir, wenn wir sagen, X sei etwas ganz Natürliches, Y aber sozial konstruiert? Ist die Biologisierung der Menschenart Z nicht eine besondere Form der sozialen Konstruktion, gegenüber der als Z klassifizierte Menschen keineswegs indifferent bleiben? (Peter Schneider geht in seinem Nachwort solchen Fragen am Beispiel der psychischen Krankheiten nach.)

In Ian Hackings Essay geht es aber nicht nur um die Gemeinsamkeiten und Unterscheidungen zwischen natürlichen und menschlichen Arten. An den menschlichen Arten (insofern sie als Arten beschrieben werden und nicht nur als individuelle Eigenschaften) interessiert uns nämlich nicht zuletzt, wie und unter welchen Bedingungen sie allenfalls (zu ihrem eigenen Besten und dem der Gesellschaft) verändert werden können. Kurz: Wir möchten eingreifen, heilen, vorbeugen können – und damit wir das tun können, müssen wir Kenntnisse kausaler Art erarbeiten. Das ist der Grund, weshalb Hackings Aufsatz einer Sammlung von Vorträgen entstammt, die Vertreter verschiedener Disziplinen zum Thema «Causal Cognition» beigetragen haben.

Ian Hacking ist Philosoph und interessiert sich für Menschen – aber es ist ihm nicht eigentlich um das zu tun, was üblicherweise in der Philosophie mit Menschen gemacht wird. Dort gerinnen konkrete Menschen sehr schnell zu einem Gattungswesen «Mensch», dessen Wesen dann die philosophische Anthropologie herauszudestillieren versucht. Die Frage heisst dann: Was ist DER Mensch? Hacking, der Bertolt Brechts Ablehnung gewisser Antworten auf Problemstellungen von Philosophen teilt, scheint mit Brecht darin einig zu gehen, dass die Wahrheit konkret ist und dass es auch der Philosophie darum gehen sollte, konkrete Existenzformen, unter denen gewisse Arten von Menschen erscheinen (und wieder verschwinden) können, zu untersuchen. Es handelt sich also um eine Art Archäologie des Verschwundenen wie auch der Gegenwart, um eine Erforschung der historischen Voraussetzungen der derzeitigen, uns häufig selbstverständlich erscheinenden sozialen und weniger sozialen Weisen der menschlichen Existenz. Diese Beschäftigung mit der Archäologie der Wissenschaften (Hacking hat sich vor allem mit Wahrscheinlichkeit und Statistik als Erkenntnisform sowie mit psychiatrischen Krankheitsbildern beschäftigt) und die Nähe zum Denken Michel Foucaults ist ein zentraler Grund, warum Hacking im Jahr 2000 auf den seinerzeit für Foucault geschaffenen Lehrstuhl für Philosophie und Geschichte der wissenschaftlichen Begriffe am Collège de

France berufen wurde. Allerdings, und darauf scheint er stolz zu sein, ist ihm in einer Rezension zugestanden worden, er schreibe verständlicher als jener. Nur darf die Leichtigkeit, mit der seine Texte zu lesen sind, nicht darüber hinweg täuschen, wie reichhaltig und komplex sie sind und wie verschlungen die Struktur seiner Argumentation sein kann. (Und wenn der folgende Text nicht immer leicht zu lesen sein mag, so ist das den Übersetzern und nicht Ian Hacking zuzuschreiben.)

Bemerkenswert ist einerseits, dass Menschenarten, im Gegensatz zu – wenigstens einer grossen Anzahl von – natürlichen Arten, in besonderem Masse von ihrer Geschichte her geprägt sind. Wenn es auch ein bestimmtes Verhalten, z.B. gleichgeschlechtliche Beziehungen, zu allen Zeiten schon gegeben haben mag, so ist doch die Menschenart der Homosexuellen neu: ihre Entstehung kann – wie die der andern Menschenarten – datiert werden. Andererseits haben Menschenarten immer eine moralische Konnotation; in dem Masse, wie sie erfasst werden, sollen sie auch in irgendeiner Beziehung einer «Behandlung» zwecks Veränderung zugänglich gemacht werden. Hacking führt uns ein ganzes Panoptikum von Menschenarten vor Augen und zeigt, wie sie erstmals beschrieben wurden und wie sie durch jede neue Beschreibung ihr Gesicht verändern. Dass aber Menschenarten in dauerndem Wandel begriffen sind, hat seine Ursache in dem von Hacking hier beschriebenen «looping effect», der dazu führt, dass jede Beschreibung einer Menschenart auf diese selbst zurückwirkt und sie verändern kann.

Menschenarten
The Looping Effects of Human Kinds

Ian Hacking

Dies ist ein überaus philosophischer Essay, denn es geht um Selbstreflexion. Wenn ich von Kultur spreche, beziehe ich mich nicht auf etwas allgemein Menschliches, sondern auf Weisen der Klassifikation, wie sie nur in industrialisierten Bürokratien möglich wurden: Die wesentlichen Charakteristika dieser Klassifikationen sind geprägt durch eine neuere, demokratisierte Form der Anwendung gewisser Sozialwissenschaften. Die Klassifikationen, die ich «Menschenarten»[1] nenne, sind nur innerhalb eines bestimmten Konzeptes von Wissen und Entdecken sinnvoll. Menschenarten werden in der Hoffnung auf einen sofortigen oder künftigen Eingriff in das Leben einzelner Menschen formuliert: Wenn wir die zugrunde liegenden Bedingungen ändern, können wir die Person verbessern, sofern wir nur verstehen, mit was für einer Art von Person wir es zu tun haben. Dieses kausale Verständnis (oder das Bestreben zu verstehen) ist somit praktischer Natur. Mein Essay handelt davon, wie ein kausales Verständnis den Charakter derjenigen verändern kann, die auf diese Weise verstanden werden – denn die Art, in der sie jemand sind, kann sich dadurch verändern, dass sie Kenntnis von diesem Verständnis haben.

1 Anm. d. Übers.: Ian Hacking verwendet den Begriff der «human kinds» – «Menschenarten» – sowohl für Klassifikationen von Individuen als auch für die Formen des Verhaltens, der Handlungen und Neigungen dieser Menschen, insofern diese Weise des Verhaltens etc. der Zuordnung von Individuen zu einer Menschenart zugrunde liegen. Daraus ergibt sich ein zuweilen gewöhnungsbedürftiger Sprachgebrauch, in dem z.B. der Selbstmord zu einer «Menschenart» wird (im Sinne eines spezifischen Verhaltens eines Menschen, welches «den Selbstmörder» konstituiert).

Das kann seinerseits wiederum zu einer Veränderung des kausalen Verständnisses führen. Mein Essay handelt somit von Rückkoppelungseffekten in der Erkenntnis und in der Kultur; er ist ein Beitrag zum Studium dessen, was ich «das Erfinden von Leuten» genannt habe (Hacking 1986).

Was sind Menschenarten

«Menschenarten» ist ein derart hässlicher Ausdruck, dass ihn niemand – wie es Auguste Comte von der *sociologie* gesagt hat – je würde gebrauchen wollen. Ich habe nicht die Absicht, eine bestimmte und fest umrissene Klasse von Klassifikationen herauszugreifen. Ich will auf Arten von Leuten, auf ihr Verhalten und ihre Lebensumstände, auf Arten des Handelns, Formen des Temperaments oder der Neigung, auf Arten von Emotionen und Arten von Erfahrungen aufmerksam machen. Ich benutze den Ausdruck «Menschenarten» vor allem zur Darstellung der *Arten* – von Systemen der Klassifikation – und nicht für die Leute selbst und deren Gefühle. Obwohl ich davon ausgehe, dass Menschenarten Arten des Verhaltens, Handelns oder des Temperaments einschliessen, ist es die Kategorisierung der Menschen, die mich beschäftigt. Das bedeutet, dass Arten des Verhaltens, Handelns oder des Temperaments nur insofern zu dem gehören, was ich Menschenarten nenne, als wir sie verwenden, um Arten von Leuten zu charakterisieren.

Dennoch meine ich nicht jedwede Arten von Leuten. Ich wähle das Etikett «Menschenarten» wegen seines Anklangs an etwas Nichtmenschliches, und ich meine damit jene Arten, die in den randständigen, ungesicherten und zugleich enorm einflussreichen Human- und Sozialwissenschaften erforscht werden. Eine Arbeitsdefinition einer ungesicherten Wissenschaft lautet: eine Wissenschaft, deren Exponenten sagen, dass sie nach einem Paradigma suchen oder gerade ein Paradigma gefunden haben. Ungesichertheit ist kein Widerspruch zu ungeheurer Macht. So hat, um ein Beispiel aus der Naturwissenschaft zu wählen, Walter Gilbert, der Zar des bestdotierten nichtmilitärischen Forschungsprojekts der Welt, des 300-Millionen-Dollar-Genomprojekts des Menschen, seinen Kritikern mit einem Artikel unter dem Titel «Auf dem Weg zu einer Verschiebung des Paradigmas in der Biologie» geantwortet (Gilbert 1991).

Mit Menschenarten meine ich Arten, über die wir systematisches, allgemeines und exaktes Wissen haben möchten; Klassifikationen, die benutzt werden könnten, um allgemeine Wahrheiten über Menschen zu formulieren; Verallgemeinerungen, die ausreichend wirkungsvoll sind, um wie Gesetze über Menschen, ihre Handlungen und ihre Stimmungen zu erscheinen. Wir verlangen nach Gesetzen, die präzise genug sind, um vorherzusagen, was Individuen tun werden oder wie sie auf Versuche ansprechen, ihnen zu helfen oder ihr Verhalten zu ändern. Vorbild sind die Naturwissenschaften. Nur eine Art von Kausalität wird als relevant erachtet: direkte einwandfreie Verursachung. Ein Ereignis bringt ein anderes hervor, auch wenn die Kausalgesetze nur die Gesetze der Wahrscheinlichkeit sein mögen.

Der Begriff «Menschenarten» ist nach dem Muster der «natürlichen Arten» der Philosophen geprägt, und darum habe ich einige Einschränkungen anzufügen. Es ist kaum zu glauben, dass Philosophen so kleinlaut hinsichtlich natürlicher Arten sein können. Ich habe keinen Zweifel daran, dass die Natur Arten bereithält, die wir unterscheiden. Manche erscheinen ziemlich kosmisch: Quarks, wahrscheinlich Gene, möglicherweise Zystische Fibrose. Andere sind weltlich: Matsch, die gewöhnliche Erkältung, Landzungen, Sonnenuntergänge. Die gewöhnliche Erkältung ist so real wie die Zystische Fibrose, und Sonnenuntergänge so real wie Quarks. Man kennt mehr gesetzesartige Regelmässigkeiten von Matsch als von Quarks – Jungen, die Fussball spielen, Eltern, welche die Familienwäsche erledigen und Ingenieure, die sich mit dem Problem des Schlicks auf Öl-Bohrinseln herumschlagen müssen, kennen sie. Die Regelmässigkeiten in Bezug auf Matsch haben keine tiefgreifenden Konsequenzen für Theoretiker. Das macht Matsch nicht zu einer weniger natürlichen Art von Stoff. Im Bereich lebender Dinge, sind Atrans «Speciemen»[2] – Bäume, Reben, Gräser – Arten, die wir in der Natur finden; und genauso verhält es sich mit den Spezies gegenwärtiger Systematiken.

Nelson Goodman hat den gelungenen Ausdruck «relevante Arten» geprägt. Damit beschreibt er «künstliche Arten wie musikalische Werke, psychologische Experimente und Typen von Maschinen». Für mich sind natürliche Arten relevante Arten, die wir in der Natur finden. Sind die Spielarten der Pflanzen und Tiere, die wir den Gärtnern und Viehzüchtern verdanken, mittlerweile «natürlich»? Für mich ist Plutonium eine natürliche Art, auch wenn es von Menschen gemacht wurde. Es müssen viele Unterscheidungen von natürlichen Arten getroffen werden – historische eingeschlossen. Psycholinguisten diskutieren, ob Kinder von Geburt an Künstliches und Natürliches oder Mechanisches und Lebendiges auseinanderhalten. Auf einer ganz anderen Ebene gibt es unzweifelhaft ein Gespür dafür, welche Arten

2 Scott Atran ist Autor des Buches «Cognitive Foundations of Natural History. Toward an Anthropology of Science» (Cambridge, London und New York 1990). Er war ebenfalls Teilnehmer des Symposiums der Fyssen Foundation, an dem Ian Hacking den vorliegenden Text vorgetragen hat. Sein Beitrag trug den Titel «Causal constraints on categories and categorical constraints on biological reasoning across cultures». «Speciemen» nennt Atran vor- bzw. ausserwissenschaftliche Gattungseinteilungen, wie sie innerhalb einer volkstümlichen Form von Alltags-Biologie aufgestellt werden.

«kosmischer» (das Wort stammt von Quine) sind als andere. Vielleicht gehört es zur Natur und ihren Gesetzen, dass manche Arten wahrhaftig grundlegender sind als andere. Gnadenlose Philosophen reissen Platos Worte aus dem Zusammenhang und sprechen vom Zerlegen der Natur an ihren Gelenksstellen. Hat die Natur eindeutige Gelenksstellen? Im Hinblick auf den gegenwärtigen Zweck bin ich allen solchen Fragen gegenüber indifferent – gleichgültig, ob sie metaphysischer, psycholinguistischer oder historischer Art sind. Und zwar, weil sie bei dem, worauf ich bei der Unterscheidung zwischen Menschenarten und natürlichen Arten besonderen Nachdruck lege, nicht ins Gewicht fallen.

Da ich so tolerant gegenüber den natürlichen Arten bin, sollte ich nicht auch die Menschenarten zu den natürlichen Arten zählen? Einer bestimmten Zweckmässigkeit halber werde ich Menschenarten auf Arten beschränken, die, wenigstens auf den ersten Blick, Leuten in einem sozialen Rahmen zukommen. Ich bestreite nicht, dass Menschen natürlich oder dass menschliche Gesellschaften Teil der Natur sind. Aus Zweckmässigkeit folge ich der Gepflogenheit, etwas nur dann als natürlich zu bezeichnen, wenn es nicht eigentümlich für Menschen in ihrer Gemeinschaft ist. Eine grosse Anzahl von Typen von Attributen der Menschen lassen sich mehr oder weniger auch auf andere Lebewesen anwenden: Masse, Langlebigkeit, Gliederung der Verdauungsorgane, die Bauchspeicheldrüsen-Enzyme wie (Pankreas-)Amylase, Trypsin und Lipasen oder die Struktur des Genoms. Viele Objekte, die in der wissenschaftlichen Erforschung der Menschen auftauchen, stehen nicht in einem wesentlichen Kontrast zu anderen Arten, die wir in der Natur finden. Dadurch entsteht eine gehörige Anziehungskraft, denn eine Hauptrichtung der Erforschung von Menschenarten besteht darin, sie zu biologisieren. Trinker bilden eine Menschenart; gemäss einer Denkrichtung, welche offenkundig vom Herausgeber der Zeitschrift *Science* bevorzugt wird, ist Alkoholismus genetisch bedingt. Vor fünf Jahren habe ich in einer ärztlichen Praxis den folgenden Satz gelesen: «Wir haben über diese Krankheit in den letzten fünf Jahren mehr in Erfahrung gebracht als in den vergangenen fünfhundert Jahren, und es ist nun erwiesen, dass Alkoholismus und andere Abhängigkeiten von Suchtmitteln tatsächlich psychosoziale biogenetische Krankheiten sind.» Suizid ist eine Art menschlichen Verhaltens; in den späten 1990er Jahren wurde die Behauptung aufgestellt, dass er ebenfalls eine genetische Komponente hat. Diese Beispiele stehen weniger für das, was Imre Lakatos Forschungsprogramme genannt hat, als dafür, was Gerald Holton Themata nannte. Als ein Beispiel für ein Thema führt Holton den Atomismus in seinen aufeinanderfolgenden Erscheinungsformen an (Leukipp, Lukrez, Boyle, Dalton usw.). Gleichermassen alt und mächtig ist die Vorstellung, dass wir Wissen über den Menschen dadurch gewinnen, dass wir Menschenarten durch physiologische oder mechanische oder neuroelektrische oder biochemische Arten ersetzen. Dies ist nicht einfach nur eine Forschungstradition, es steht auch für eine Form der Metaphysik. Philipp Pettit[3] setzt sich mit dem Problem auseinander, wie es reale Verursachung in der Psychologie geben kann. Eine Lösung besteht darin, Psychologie und alles, was menschlich oder sozial ist, in Biologie zu verwandeln. Diese Lösung bildet sozusagen die eingebaute metaphysische Motivation der Biologisierung menschlicher Arten.

3 Anm. d. Übers.: In Kapitel 13 («Causality at Higher Levels») des Bandes «Causal Cognition», in dem Hackings Beitrag erschienen ist.

Es gibt viel mehr solcher Anziehungskräfte – sowohl innerhalb der Philosophie der Natur als auch innerhalb der Methodologie der Biologie. Dennoch denke ich, dass es nicht sehr schwierig ist, das Typische von Menschenarten zu beschreiben. Wenn ich von Menschenarten spreche, meine ich (i) Arten, die für manche von uns relevant sind, (ii) Arten, die in erster Linie dazu dienen, Leute, ihre Handlungen und ihr Verhalten zu klassifizieren, und (iii) Arten, welche von den Human- und Sozialwissenschaften erforscht werden, das heisst Arten, von denen wir hoffen, Wissen zu erlangen. Ich füge (iv) hinzu, dass es Arten von grosser Bedeutung sind; ich werde Arten von menschlichem Verhalten, von menschlichen Handlungen und Neigungen etc. nur insofern berücksichtigen, als sie entworfen werden, um das Konzept einer Art von Person zu bilden. Homosexualität liefert uns ein vielleicht schon allzu vertrautes Beispiel. Es wird weithin zugestanden, dass, obwohl gleichgeschlechtliche sexuelle Handlungen in den meisten menschlichen Gesellschaften gebräuchlich sind, der Begriff «des Homosexuellen» als einer Art von Person erst im späten neunzehnten Jahrhundert entstand, als homosexuelles Verhalten zum Gegenstand des forschenden Blicks der Wissenschaft wurde. Wenn dies zuträfe, dann wäre homosexuelles Verhalten erst seit dem späten neunzehnten Jahrhundert das, was ich hier eine «Menschenart» nenne – auch wenn es zum Beispiel massenhaft Päderastie zu allen Zeiten und an allen Orten gegeben hat –, weil nämlich erst seit dieser Zeit diese Art des Verhaltens als eine Bezeichnung für eine Art einer Person aufgefasst wurde.

Innerhalb wichtiger persönlicher Beziehungen denken oder fühlen wir selten in Begriffen menschlicher Arten. In Freundschaften, in der Liebe wie auch im Hass achten wir auf das Besondere, Ungewöhnliche, Intime und Nebensächliche, auf alles, was wir flüchtig wahrnehmen, teilen oder fühlen – kurz, auf all das, was eher in den Zwischentönen eines Romans als in den Klassifikationen des Wissenschaftlers eingefangen wird. Eine Person ist zuverlässig, eine andere sanftmütig, eine dritte selbstsüchtig und arrogant. Jemand, der vergesslich, aber auch zugänglich und begeisterungsfähig ist, hat einen unsensiblen Wichtigtuer zum Freund. Wir wissen eine Menge von solchen Arten von Leuten, aber wir behaupten nicht, wissenschaftliche Kenntnisse über sie zu haben. Wir machen weder Erhebungen über ihren Anteil in einer gegebenen Population noch unterziehen wir sie einer Faktorenanalyse. Dennoch sind dies Arten, die für uns von Bedeutung sind – Arten, die wir gebrauchen, um unsere Gedanken über unsere Lebensgefährten, Freunde und Geliebten zu organisieren, ganz zu schweigen von jenen, die wir zu meiden versuchen. Da sie aber auch für Arbeitgeber, für Lehrer und für das Militär von Bedeutung sind, entwickeln Psychologen Tests mit Fragen, die oftmals diese vertrauten Eigenschaften abfragen. Die Ergebnisse werden tabellarisiert oder zusammengefasst, um «Profile» oder «persönliche Inventare» zu bilden, die dann zu Menschenarten werden. Sie sind Extrakte dessen, worauf es in innigen Beziehungen ankommt, aber sie erlangen die Abstraktion der Wissenschaft oder des unpersönlichen Managements.

Gleichwohl sind Menschenarten für uns nicht so irrelevant. Einfache und gängige Menschenarten, die in den Sozialwissenschaften erforscht werden, *berühren* persönliche Interessen durchaus in starkem Masse. Wenn man jemanden, den man liebt (oder sich selbst) als Exemplar einer Art anschaut, so kann dies die Wahrnehmung vollständig ändern. Menschenarten treten für gewöhnlich als wissenschaftlich und daher wertfrei auf, aber sie entstehen oft als Urteile über gut und schlecht. Die quantitative Soziologie begann mit der Messung der Inzidenz von Verhalten wie Selbstmord. Durkheims klassisches und originelles Werk *Der Selbstmord* konnte sich auf 80 Jahre Forschung stützen. Selbstmord war tabellarisch erfasst worden, weil es ein böser Akt war, vielleicht der allerschlimmste, jenseits der Möglichkeit von Reue und Vergebung. Der Korpus des Wissens über Suizid änderte die Ansichten darüber, was für eine Art von Handlung er sei, und damit auch seine moralische Einschätzung: «Ein Selbstmordversuch ist ein Hilferuf». Ihre Einstellung gegenüber einem Freund, der einen Selbstmordversuch unternimmt, wird sich von der Ihrer Urgrosseltern unterscheiden. Selbstmorde in heutigen Romanen sind nicht das, was sie zur Zeit des jungen Werther oder Heinrich Kleists waren, teilweise deshalb, weil die Wissenschaft Selbstmord in eine Menschenart verwandelt hat.

Menschenarten bestehen aus mancherlei Kategorien. Ich benutze das Wort «Kategorien» in einer altmodischen Weise, welche zugleich dem umgangssprachlichen Gebrauch entspricht. Eine Kategorie stellt einen Baum von Klassifikationen dar bzw. die allgemeinste Klassifikation an der Spitze eines solchen Baums. Viele massgebliche Exponenten aus Gebieten, die von der Kognitionswissenschaft bis hin zur Psycholinguistik reichen, gebrauchen «Kategorie» als ein Synonym für «Klasse» wie in George Lakoffs Buchtitel *Women, Fire, and Dangerous Things. What Categories Reveal about the Mind.* Frauen-Feuer-und-gefährliche-Dinge ist eine Klasse oder Art, welche für ein australisches Volk von Bedeutung ist, aber Lakoff spricht von einer Kategorie. Ich nicht. Rasse, Geschlecht, Muttersprache, Nationalität, der Typus eines Angestelltenverhältnisses und die Altersgruppe gehören zu dem, was ich Kategorie nenne. Die Experten, die sich am besten in diesen Kategorien auskennen, arbeiten in statistischen Ämtern – Institutionen, deren moderne Form gleich alt ist wie die quantitativen Sozialwissenschaften. Tatsächlich dehne ich meine Gruppierung, die Menschenarten, bereitwillig aus, um jedwede Art, die in Volkszählungen erfasst wird, einzuschliessen, oder doch mindestens die Arten, die mit ihren sozialen Konnotationen ausgestattet wurden. Sagen wir, um es etwas zu sehr abzukürzen, dass Gender die soziale Bedeutung von Geschlecht meint – die Kategorie des biologischen Geschlechts ist nichts für Menschen Spezifisches, aber die Gender-Kategorie ist etwas für Menschen in einer Gesellschaft Eigentümliches. In all dem folge ich überraschenderweise eng der Tradition. Philosophen folgen J.S. Mill, wenn sie den Kunstausdruck «natürliche Art» verwenden. Unmittelbar nachdem dieser sein Konzept einer *«realen Art»* eingeführt hatte, stellte er die Frage, ob Geschlechter und Rassen reale Arten seien. (Er hoffte nicht. Sein Programm war anti-sexistisch und anti-rassistisch.) Seit einiger Zeit wird über diese beiden menschlichen Kategorien, Rasse und Gender, wie besessen debattiert. Was wir über sie denken, gemahnt so stark an Ideologie, dass ich sie beiseite lassen werde. Schlüsse hinsichtlich menschlicher Arten sind tatsächlich relevant für diese Kategorien, aber wir würden uns im Hinblick auf die Menschenarten in die Irre führen lassen, wenn wir Mill folgten und Rasse und Gender als unsere zentralen Beispiele benutzten. Gerade der Zusammenhang zwischen Wissenschaft und Rasse oder Gender ist unklar. Ich habe Menschenarten als Objekte der ungesicherten Wissenschaften definiert, als Arten, über die wir erst noch Wissen erlangen wollen. Ich habe es als gegeben vorausgesetzt, dass diese Wissenschaften nach dem Modell der Naturwissenschaften geformt sind, insbesondere in ihrer Konzeption von Kausalität. Davon hat auch Mill gesprochen. Allerdings gibt es gegenwärtig eine starke Befangenheit, Rasse zum Gegenstand der Wissenschaft zu machen. Einige Leute wie Michael Dummett, die kein Blatt vor den Mund nehmen, machen klar, dass wir die Erkenntnisse nicht haben wollen, die wir herausfinden könnten. Der gängigere, verzagte Einwand lautet, dass die Wissenschaft von Rassen eine böse Wissenschaft sei. Im Fall von Gender beanspruchen viele explizite Feministen zwar ein Wissen, aber sie lehnen alle Erkenntnisse ab, die auf dem kausalen Denken der Naturwissenschaften beruhen. All diese gewichtigen Probleme würden uns von meinem Hauptthema ablenken.

Ich habe Arten «mit sozialer Bedeutung» erwähnt – eine unklare Formulierung. Nehmen wir zur Illustration die Teenager-Schwangerschaft. Diese Klasse ist so genau umschrieben, wie sie es nur sein kann. Jemand ist ein Teenanger, weiblich, schwanger und (als ungeschriebene Voraussetzung) unverheiratet. Das ergibt eine strenge Definition mit eng umrissenen zeitlichen, physiologischen und juristischen Bestimmungen. Wenn wir «teen-age» exakt bestimmen und «unverheiratet» entsprechend anpassen, kann dieses Konzept auch in vielen Kulturen angewendet werden, welche anders sind als die unsrige. Dennoch wurde dieses Konzept nur in einem bestimmten Moment in der amerikanischen Geschichte zu einer relevanten Art. Nach 1967 wurde es Gegenstand endloser soziologischer Studien und Debatten. In jüngerer Zeit hat sich die kulturelle Bedeutung des Ausdrucks so weit geändert, dass die Soziologen ihn durch einen Euphemismus ersetzt haben: frühe Elternschaft. Teenager-Schwangerschaft – das Wort und das Konzept mit bestimmten Implikationen – erhob ihr grauses Haupt in den weissen amerikanischen Vorstädten der 1960er Jahre. Frühe Elternschaft ist konnotiert mit den schwarzen städtischen Ghettos der 1990er. Zunächst haben wir ein Konzept und kein Wissen, aber sobald das Konzept in Bewegung gerät, kommen Experten und schaffen ein Wissen und verwandeln es. Die

Klassifikation «Teenager-Schwangerschaft» oder «frühe Elternschaft» gründet vollständig in der Natur, aber sie ist nur in einem bestimmten sozialen Kontext eine Menschenart – und Gegenstand der Sozialwissenschaften. Es besteht eine Ähnlichkeit mit und ein Unterschied zu einer anderen Menschenart – dem Adoleszenten. Adoleszenz kann nicht vollständig in der Natur verortet werden. Auch wenn wir sie als das definieren, was mit der ersten Menstruation / Ejakulation beginnt, so gibt es in der Natur doch nichts jenseits eines sozialen Zusammenhangs, das ihr Ende signalisieren würde. Anna Freud sagte, dass wir die Entdeckung der Adoleszenz der Psychoanalyse verdanken. Historiker der Entwicklungspsychologie lokalisieren diese Entdeckung anderswo. Dennoch besteht eine bemerkenswerte Übereinstimmung darin, dass der Adoleszente, welche grösseren sozialen Veränderungen auch immer so etwas wie Adoleszenz möglich gemacht haben, als Menschenart dank der Sozialwissenschaften existiert. Das erste grössere Werk über die Adoleszenz war eine Abhandlung in zwei Bänden von G. Stanley Hall (1904), jenem Mann, den man gewöhnlich als Begründer der amerikanischen Experimentalpsychologie bezeichnet. Er betitelte es *Adolescence: Its Psychology and Its Relations to Physiology, Anthropology, Sociology, Sex, Crime, Religion and Education*. Man könnte meinen, dieser Titel sei erschöpfend, doch er ist es nicht ganz. Nach über 1200 Seiten kommen wir zu einem langen Schlusskapitel «Völkerpsychologie und Pädagogik oder Adoleszente Rassen und ihre Betrachtung». Wir erfahren, dass ein Drittel der menschlichen Rassen aus «Adoleszenten in der Grösse von Erwachsenen» bestehen. Sogar Abstammungslinien, die bis jetzt als «entartet» (decadent) galten, «zeigen nämlich das Symptom der *dementia praecox* in den Proportionen einer vergrösserten Lebensform» (Hall 1904, Bd. II, S. 649).

Das waren natürlich die schlechten alten Zeiten. Für die weitere Klärung werde ich zwei aktuelle Menschenarten heranziehen und ein kürzlich vorgeschlagenes Kausalgesetz, das die beiden verbindet. Kindsmissbrauch bildet eine Art menschlichen Verhaltens. Er zerfällt in mehrere Arten, einschliesslich sexuellen Missbrauchs, körperlicher Misshandlung, Vernachlässigung und – gegenwärtig in Nordamerika Gegenstand heftiger Auseinandersetzungen – des Missbrauchs in sadistischen Kulten (sprich: satanischen Ritualen). Kindsmissbrauch bildet eine Art, die bemerkenswert dehnbar ist. Sie hat Verbindungen zur Grausamkeit gegenüber Kindern, eine klassische Art des Verhaltens, welche in Europa und Amerika etwa vor 120 Jahren ins Blickfeld gerückt wurde. Aber die gegenwärtige Klassifikation des Kindsmissbrauchs begann vor genau 30 Jahren[4] mit dem Syndrom des misshandelten Säuglings; sie nahm vor 18 Jahren den Inzest und den sexuellen Missbrauch unter ihre Fittiche und griff vor fünf Jahren den Missbrauch in grausamen Ritualen auf. Diese Verlaufskurve gilt primär für (Nord-) Amerika; die europäischen Klassifikationen folgen ihr in lockerer Abfolge (Hacking 1991, 1992c).

Kindsmissbrauch erfüllt zweifellos meine provisorischen Kriterien für eine Menschenart.

1. In vielen Stadtvierteln ist er heute eine höchst relevante Art.

2. Er ist etwas für Menschen Typisches, wenn sich auch gewisse Analogien zu manchen Verhaltensformen von Primaten ziehen lassen.

3. Er ist eine Art des Verhaltens, über das wir Erkenntnisse erwerben möchten, zum Beispiel, um Kindsmissbrauch vorzubeugen oder missbrauchten Kindern zu helfen.

---

4 Anm. d. Übers.: Da Hackings Essay zuerst 1995 erschienen ist, bezieht sich diese Datierung auf das Jahr 1965.

4. Wir neigen dazu, die Art dieses Verhaltens einer bestimmten Person zuzuordnen, d.h. wir denken, dass es Kindsmissbraucher gibt und dass missbrauchende Eltern ein Typus von Eltern sein könnten.

Wir können sogar noch eine stärkere Behauptung über den Kindsmissbrauch aufstellen. Das *Center for Advanced Study in the Behavioral Sciences* der Stanford Universität gebrauchte gern (und tut es vielleicht immer noch) das Adjektiv «wegweisend» für Arbeiten, die unter seiner Federführung entstanden sind. Eine vorläufige Definition einer «wegweisenden» Menschenart könnte lauten: Es gibt mindestens eine Fachvereinigung von Experten, die sich ihrer Erforschung widmet; es gibt reguläre Tagungen: allgemeine und spezialisierte; es existiert mindestens eine kürzlich gegründete Fachzeitschrift, in welcher die Autoritäten dieses Fachs Aufsätze publizieren (und welche bei der Definition behilflich ist, wer die Autoritäten sind). Wir haben die *International Society for the Prevention of Child Abuse and Neglect*, eine Unmenge von Tagungen und, neben anderen, die Zeitschrift *Child Abuse and Neglect*. Kindsmissbrauch ist eine wegweisende Menschenart.

Kindsmissbraucher sind etwas nur allzu Alltägliches. Viel seltener sind Personen, die unter dem leiden, was man gegenwärtig «multiple Persönlichkeitsstörung» nennt (Hacking 1992b). Diese Leute waren einmal wirklich selten, und für gewöhnlich litten sie unter zwei oder vielleicht auch drei oder vier alternativen Persönlichkeiten; die eine Persönlichkeit wusste normalerweise nichts von der anderen. Seit den frühen 1970er Jahren breitete sich die multiple Persönlichkeit in Nordamerika epidemisch aus; die 9. Internationale Konferenz zu diesem Thema wurde von 800 Fachleuten (Psychiatern, Psychologen, Sozialarbeitern) besucht, von denen viele pro Jahr über 40 Fälle von Multiplen behandeln. Das Gesicht der Multiplizität hat sich in den letzten 20 Jahren erheblich gewandelt. Es ist inzwischen für Kliniker nicht mehr ungewöhnlich, Patienten mit 25 verschiedenen Persönlichkeiten zu behandeln. Der ganze Diskurs wird nun unter der grösseren Überschrift «dissoziatives Verhalten» geführt. Die Dissoziation wurde zuerst von Pierre Janet während der französischen Welle von Multiplen benannt, die 1875 von Bordeaux ausging, aber erst kürzlich wiederentdeckt wurde. Im inneren Kreis der Dissoziationsexperten verehrt man Janet, während Freud daraus verstossen wurde.

Viele Psychiater, insbesondere solche mit einem medizinischen / biochemischen / neurologischen Zugang zu psychischen Krankheiten, sind der multiplen Persönlichkeit gegenüber skeptisch oder sogar zynisch eingestellt. Sie behaupten, dass Multiple ein kulturelles Artefakt darstellen. Nun, wenn ich (wie viele Philosophen) gesagt hätte, dass Menschenarten in einem gewissen Sinn unzweifelhaft «real» sein müssen, und vielleicht sogar transkulturell «kosmisch», müsste ich diesen Einwand diskutieren. Stattdessen habe ich einige Einschränkungen formuliert, nicht allein hinsichtlich des Menschlichen, sondern auch bezüglich des Natürlichen. Ich bin wirklich überzeugt, dass manche Psychiater, die Medien, ein Flügel der Frauenbewegung über den sexuellen Missbrauch von Kindern besorgt sind, und manch anderes mag die gegenwärtige Prävalenz der multiplen Persönlichkeit beeinflusst haben. Das macht das Übel nicht im Geringsten weniger real. Es ist eine Gegebenheit mit einem zugehörigen Verhalten, das einer beträchtlichen Anzahl von Leuten zusetzt, welche gegenwärtig nach Hilfe rufen. Es ist eine Menschenart, und eine wegweisende Menschenart obendrein. Es gibt die *International Society for the Study of Multiple Personality and Dissociation.* Es gibt eine jährliche internationale Tagung und viele regionale Konferenzen. Die Zeitschrift *Dissociation* geht in das fünfte Jahr ihres Erscheinens.

Ich gehe davon aus, dass wir Kenntnisse über Menschenarten erlangen wollen. Es hat einen bemerkenswerten Durchbruch im Denken über multiple Persönlichkeiten gegeben. Die Ursache dieser Störung ist denjenigen, die auf diesem Gebiet arbeiten, nun bekannt. Multiple Persönlichkeit ist die Folge eines wiederholten Traumas in der frühen Kindheit, das so gut wie immer sexuellen Missbrauch einschliesst. Viele, die auf diesem Gebiet arbeiten, akzeptieren, dass dies als Teil der Definition betrachtet wird. Die kausale Erkenntnis ist tief in den Theorien über die Störung verwurzelt. Die verschiedenen Persönlichkeiten stehen für abgespaltene Weisen, auf das spezifische Trauma zu reagieren. Dies wiederum hat einen grossen Einfluss auf die Methoden der Behandlung, welche nun auf die Abreaktion des Traumas zentriert sind, und zwar durch die Stimmen der verschiedenen Persönlichkeiten, welche mit der Zeit mitbewusst, mithelfend und schliesslich integriert werden. Dank der Wirkung der Medien, insbesondere in nachmittäglichen Fernseh-Talkshows, welche sich an Frauen der Unterschicht richten, die mit den Unterdrückten und Bizarren mitfühlen, ist diese wissenschaftliche Erkenntnis in den USA sehr weit verbreitet. Das Wissen über die Details liegt bei den Experten, aber die allgemeine Struktur ist in bemerkenswertem Masse Gemeingut.

Mein Beispiel ist sensationsheischend, aber es dient dazu, die Begrifflichkeit zu verbessern. Ungeachtet seiner Rolle in der sozialen Rhetorik und in vielfältigen politischen Zusammenhängen wurde Kindsmissbrauch zunächst als «wissenschaftliches» Konzept präsentiert, und es wird nach wie vor als solches aufgefasst. Natürlich gibt es Diskussionen über die Abgrenzung. Welche Wissenschaft? Medizin, Psychiatrie, Soziologie, Psychologie, Sozialarbeit, Jurisprudenz oder Selbsthilfe? Viele Autoritäten – welchen Standpunkt sie auch immer vertreten – sind fest davon überzeugt, dass es gewichtige Wahrheiten über Kindsmissbrauch gibt, wie zum Beispiel: «Die meisten Missbraucher wurden als Kinder selber missbraucht». Forschungen und Experimente sollten diese Wahrheiten enthüllen. Wir setzen darauf, dass es relevante Ursachen und Wirkungen gibt, sodass wir Prädikatoren für künftigen Missbrauch finden können, dass wir ihn erklären und verhüten können und dass wir seine Folgen bestimmen und ihnen entgegenwirken können. Zum Beispiel wird festgestellt, dass missbrauchende Mütter keine adäquate Bindung zu ihren Kindern herstellen konnten und dass Frühgeborene in Inkubatoren ein erhöhtes Risiko für unzureichende Bindung tragen. Diese kausale Hypothese veranlasst die Verantwortlichen, ausgeklügelte Bindungsrituale in Geburtskliniken einzuführen.

Man könnte denken, Kindsmissbrauch sei ein derart komplexes Konzept, dass daraus keine Fragen der Entwicklungspsychologie oder der Kognitionstheorie hervorgehen können. Wir beschäftigen uns schliesslich damit, wie eine soziale Organisation ein Konzept schafft und formt, und nicht damit, wie Kinder Begriffe erwerben. Ganz im Gegenteil. Lawrence Hirschfeld[5] hat sich mit dem frühen Stadium beschäftigt, in welchem amerikanische Kinder ein Konzept von Rasse erwerben. Ein paralleles Problem, mit sehr praktischen Konsequenzen, wurde in Verbindung mit Kindsmissbrauch erörtert. Die Gerichtsbarkeiten vieler US-

5 Anm. d. Übers.: In Kapitel 11 («Anthropology, psychology, and the meanings of social causality») des Bandes «Causal Cognition», in dem Hackings Beitrag erschienen ist.

amerikanischer Staaten haben per Gesetz ein Trainingsprogramm eingeführt, das Kinder früh befähigen soll, beginnenden Missbrauch zu erkennen und zu melden. Vor zwei Jahren hat Kalifornien diese Gesetze wieder aufgehoben, und zwar auf der Grundlage von Gutachten Sachverständiger, die mit Piaget argumentieren, dass Kinder diese Konzepte gar nicht verstehen können. Es gibt neuerdings eine Gegen-Gegenreaktion, die diese kognitive Behauptung bekämpft.

Mit Blick auf die Wissenschaftlichkeit taucht eine andere Frage auf. Vielleicht scheitern wir daran, Kindern zu helfen (so sagen manche), weil all unsere Bemühungen davon ausgehen, dass wir es mit einer wissenschaftlichen Art zu tun haben? Diese Sorge wurde unter dem Titel der «Medizinalisierung» des Kindsmissbrauchs formuliert. Der Kindsmissbrauch ist nichts für die Ärzte, auch wenn Pädiater die Ersten waren, die wegen des Syndroms misshandelter Babys Alarm schlugen. Soweit betrifft die Klage lediglich den Typus des Experten, nicht aber die eigentliche Möglichkeit einer Expertise. Allgemeiner gesagt behaupten die Anti-Experten von sich, die wahren Experten zu sein: Sozialarbeiter widersetzen sich der Polizei, Psychologen treten der Justiz entgegen etc. Bei der Diskussion um die multiple Persönlichkeit taucht eine noch einmal andere Form des Zweifels an einer (natur-)wissenschaftlichen Weltanschauung auf. Manche Kritiker halten dafür, dass es gar keinen solchen Gegenstand wie die multiple Persönlichkeitsstörung gibt (ich habe gehört, wie man sie als «Ufo der Psychiatrie» bezeichnet hat) und dass multiples Verhalten das Ergebnis einer Beeinflussung durch Ärzte oder, mehr in jüngerer Zeit, durch Sensationsberichte in den Medien ist. Dennoch wird die Debatte den Experten überlassen. Die eine oder andere Gruppe behauptet, über das Wissen darüber zu verfügen, was die gestörten Patienten wirklich plagt und wie sie besser behandelt werden könnten.

Was ich Menschenarten nenne, beginnt also in der Hand von Wissenschaftlern verschiedener Couleur. Menschenarten leben dort eine Weile. Eine Weile? Mein Beispiel der Homosexualität deutet etwas an, das später zu diskutieren sein wird. Leute dieser Art könnten sich gegen die Experten erheben. Die Erforschten könnten die Forscher bezwingen.

Ich habe ausgeführt, dass *wir* Gesetze wollen, die exakt genug sind, um vorherzusagen, was Individuen tun werden. Oder dass wir wissen wollen, wie Menschen einer Art auf Versuche, ihnen zu helfen oder ihr Verhalten zu verändern, reagieren. Ich habe gesagt, dass «wir» all dies typischerweise wollen, um «ihnen» zu helfen. Ich habe darauf hingewiesen, weil es das ist, womit die Sozialwissenschaften seit ihrer Erfindung beschäftigt sind. Die Suche nach Menschenarten, die zu psychologischen oder sozialen Gesetzen passen, ist mit Vorhersage und Reform unauflösbar verwoben. Diese Ziele können pervertiert werden, aber aus dem Blickwinkel der Reformer sind sie grundsätzlich gut gemeint. Expertengruppen arbeiten nun zusammen und sagen, dass sie alle gemeinsam Mitglieder der «helfenden» Berufe sind: Sozialarbeiter, Therapeuten, Bewährungshelfer, Polizisten, Richter, Psychiater, Lehrer, akademische Psychologen, Pädiater. Sie versuchen, Arten von Menschen oder von Verhalten zu unterscheiden, die abweichend sind. Sie fordern mehr theoretische und grundlegende Untersuchungen, auf welche sie ihre praktische Arbeit stützen können. Soziologen und Statistiker formulieren und testen gesetzesähnliche Hypothesen hinsichtlich der Leute dieser Arten. Dieses Wissen ermöglicht es den Leuten an der Front, sich einzuschalten und einzugreifen, um wirksamer und vorhersagbarer helfen zu können. Jedenfalls präsentieren sich so die Wissenschaften; Zyniker hegen allerdings den Verdacht, dass da kein Wissen zu erlangen ist und dass jene Formen des Wissens lediglich der Machtausübung dienen.

Warum sind meine Beispiele so unattraktiv? Es sieht so aus, als würde ich dabei einen ziemlich dubiosen Haufen von Arten berücksichtigen, marginale Menschenarten, Arten, von denen wir behaupten oder hoffen, ein systematisches Wissen über sie zu erhalten, Arten welche, salopp formuliert, Gegenstände für tatsächliche oder potentielle Wissenschaften sind. Aber nicht echte Sozialwissenschaft! Ich könnte das Argument ausführen, dass das, was ich Menschenarten nenne, an der historischen Wurzel der Soziologie – der Wissenschaft von Normalität und Abweichung – liegt. Aber auch wenn ich recht habe, sollte dann nicht «Menschenarten» mittlerweile als Gattungsbezeichnung für die Klassifikationen innerhalb der Sozialwissenschaften – der *sciences humaines* – oder vielleicht gar der *Geisteswissenschaften** [6] dienen? Was hätte es dann mit den Klassifikationen der Anthropologie, Linguistik, Ökonomie und Geschichte auf sich? Warum diese Betonung der Wissenschaften der Abweichungen, der sozialen Pathologie, des Heilens und der Kontrolle?

Im Zusammenhang dieses Essays werde ich dieser Frage ausweichen (und der historischen oder archäologischen Antwort darauf), indem ich darauf hinweise, dass ich meinen eigenen Typus eines kausalen Verständnisses wähle, um darüber nachzudenken. Ich mache ihn an einem bestimmten Typus praktischer Kausalität fest. Mit Menschenarten meine ich Arten von Leuten und ihr Verhalten, welche man (wie man hofft) in praktische Gesetze überführen kann – Gesetze, die wir, wenn wir sie kennen würden, dafür anwendeten, die gegenwärtigen Verhältnisse zu verändern und vorauszusagen, welche Ergebnisse sich einstellen. Wir wollen

6 Anm. d. Übers.: Ein Asterisk (*) hinter einem Wort bringt zum Ausdruck, dass es im englischen Original deutsch gebraucht wurde.

die richtige Klassifikation – die korrekte Einordnung von Kindsmissbrauch oder Teenager-Schwangerschaft –, so dass wir, wenn wir mit missbrauchenden Eltern oder schwangeren Teenagern konfrontiert sind, ein Vorgehen wählen können, das deren Angelegenheiten zum Besseren wendet und andere davor bewahrt, dieselben Fehler zu machen. Wir wollen nicht die «Struktur» der Teenager-Schwangerschaft in derselben faszinierenden, aber abstrakten Weise kennen lernen, wie wir die Verwandtschaftsstrukturen in einem bestimmten Volk kennen lernen wollen oder die Struktur der Hilfsverben in deren Sprache. Wir wollen Prinzipien, gemäss derer wir vermitteln, eingreifen, helfen und verbessern können. Der nächstliegende Vergleich innerhalb der Sozialwissenschaften lässt sich in der Ökonomie finden. Die angewandten Ökonomen sagen, dass sie die Dinge verbessern wollen, aber die Arten, mit denen sie zu tun haben, sind für gewöhnlich nicht meine Menschenarten. Die meisten Ökonomen halten Abstand von einzelnen Individuen und ihren Handlungen. Der Bankzins und die Geldmenge hängen zwar davon ab, was manche Leute tun, aber sie bilden keine Arten von Menschen.

Ich habe versucht, das Konzept der Menschenart anschaulich zu machen. Ich muss noch ein letztes allgemeines Argument anbringen. Was kommt zuerst: die Klassifikation oder die Kausalbeziehungen zwischen Arten? Es gibt zwei grobschlächtige Bilder für die Bildung eines Konzepts. Im ersten machen die Leute zuerst bestimmte Unterscheidungen und erfahren dann etwas über die Eigenschaften und die kausalen Verhältnisse zwischen den unterschiedenen Klassen. Im anderen erkennt man kausale Beziehungen zwischen Individuen, und diese Beziehungen werden dann gebraucht, um Klassen zu unterscheiden. Ich glaube, dass meine Philosophenkollegen die Hauptsünder sind, was das

Festhalten an dem einen oder an dem anderen extremen Bild betrifft. Welche Schlüsse man auch immer aus der kindlichen Kognition zieht, es ist evident, dass im späteren Leben Wiedererkennen und Erwartung aus einem Stück sind. Oder, um es linguistisch auszudrücken: einen Namen für irgendeine Art zu erwerben und ihn zu benutzen heisst, neben anderen Dingen, gewillt zu sein, über Dinge dieser Art Verallgemeinerungen zu treffen und Erwartungen zu bilden. Wir können es als gesichert annehmen, dass Einschätzungen von Gründen Hand in Hand mit zunehmend präziseren Definitionen einhergehen.

Um zwei Beispiele zu nennen, die für diese Thematik unvorteilhaft sind: Suizid und Teenager-Schwangerschaft hat es bei uns und in vielen anderen Gesellschaften schon immer gegeben. Dies könnte nahe legen, dass zuerst eine Art von menschlichem Verhalten oder menschlicher Beschaffenheit besteht und danach erst das Wissen. Das ist nicht der Fall. Die Art und das Wissen wachsen gemeinsam. Zu Beginn des neunzehnten Jahrhunderts diskutierten die Leute noch den edlen Suizid von Cato dem Älteren, aber bald danach wurde der Suizid als «eine Art von Wahnsinn» mit zahlreichen Unterarten definiert, von denen jede wiederum von einem entsprechenden Medizinmann gepflegt werden konnte. Suizide wurden nach ihren mutmasslichen Ursachen geordnet. Geht es um Kindsmisshandlung, könnte man meinen, es handle es sich um eine Klassifikation des Verhaltens, die jedem Wissen vorausgeht. Aber auch hier trifft das nicht zu. Sie tauchte 1961/62 in Begleitung eines ziemlich spezifischen Wissensbereichs auf – pädiatrischen Röntgenbildern (in welchen unerwartet bereits verheilte Frakturen kindlicher Arme und Beine sichtbar wurden). Die Technologie der Kinderradiologie, die in rapidem Rückgang begriffen war, wurde wiederbelebt, um zu einer Definition des «battered baby syndrome» zu gelangen, und die Ärzte behaupteten in lautstarken öffentlichen Stellungnahmen, die Behandlung und Prävention von missbräuchlichem Verhalten unter Kontrolle zu haben. Ursache, Klassifikation und Intervention waren eins.

Was ist an den Menschenarten so besonders?

Mein Ausdruck «Menschenart» ist den «natürlichen Arten» nachgebildet. Offensichtlich denke ich, dass Menschenarten sich in gewichtiger Weise von natürlichen Arten unterscheiden. In diesem Abschnitt werde ich dreierlei tun:

1. Ich werde die Vorstellung, zu der ich eine Gegenposition einnehme, in verständnisvoll nachvollziehbarer Weise darlegen: Menschenarten sind schlimmstenfalls schwierig einzuordnende natürliche Arten.

2. Ich werde klarstellen, dass ich nicht im Entferntesten für den Gegensatz von *Verstehen** vs. Konstruktivismus eintrete. Ja, ich denke, dass das Menschliche sich vom Natürlichen unterscheidet, aber nicht, weil jenes, das ich als Menschenarten bezeichne, eher hermeneutisch statt durch kausale Prinzipien erklärt werden muss. Ja, ich glaube, dass das Menschliche sich vom Natürlichen unterscheidet, aber nicht weil Menschenarten gesellschaftliche Konstruktionen sind, während natürliche Arten in der Natur entdeckt werden.

3. Ich werde denjenigen Unterschied zwischen natürlichen Arten und Menschenarten darlegen, der mich interessiert. Ich behaupte nicht, dass dies der einzige Unterschied sei. Vielleicht sind die Unterscheidungen durch *Verstehen** und Konstruktivismus beide richtig, aber es sind nicht die meinen. Diese sind tiefgründig. Meine ist seicht.

Natürlich und menschlich

Im modernen Begriff «natürliche Art» schwingen altertümliche Kontroversen mit. Hat die Natur Arten oder sind diese durch uns geschaffen? Wenn die Natur Arten hat, haben dann diese Arten wiederum Naturen (Wesenheiten)? Welche Haltung wir auch immer hinsichtlich dieser Fragen einnehmen – es entsteht daraus eine neue. Berücksichtigen wir die Bestrebungen jener Wissenschaften, die Menschenarten erforschen, ist nicht nur dann etwas eine «echte» oder zumindest eine nützliche Menschenart, wenn es eine natürliche Art ist?

Die positivistische Version dieser Vorstellung geht ungefähr folgendermassen vor: Wenn wir Wissen über Leute und ihr Verhalten erlangen wollen, müssen wir korrekte Unterscheidungen machen. Nur wenn wir korrekt ordnen, werden wir beschreibende gesetzesähnliche Aussagen machen können. Diese Tatsache ist aber nicht nur den Humanwissenschaften eigen. Wir müssen in jeder Wissenschaft entdecken, welches die natürlichen Arten sind. Dies setzt unerbittliche Exploration, Durchführung von Experimenten, Vermutung und Widerlegung voraus. Während wir unsere ursächlichen Hypothesen verfeinern, feilen wir an unseren Klassifikationen und nähern uns immer mehr den Arten, die in der Natur zu finden sind. Der Hauptunterschied zwischen natürlichen und Menschenarten ist, dass die Menschenarten oft nur innerhalb eines bestimmten sozialen Kontexts verstanden werden können. Aber sogar hier streben wir ständig danach, hinter die Phänomene zu gelangen. Wo früher beschreibende Kriminologie war, gibt es nun Gene für Gewalttätigkeit, und wir beschäftigen uns heute mit der genetischen Komponente des Suizids.

Der Positivist geht davon aus, dass die Vorstellung einer natürlichen Art klar und zeitlos sei. Aber es handelt sich da-

bei um die historizistische Auffassung, dass alles Menschliche natürlich sei. Die Vorstellung einer natürlichen Art (so wird angemerkt) sei nicht zeitlos, vielmehr habe sie sich im Laufe der Geschichte westlicher Wissenschaft entwickelt. Lange vor der Heraufkunft der Naturwissenschaften haben Arten eine wesentliche Rolle in der Entwicklung von frühen technologischen Zivilisationen gespielt. Säen und Ernten, Brüten und Backen, Schürfen und Schmelzen – alle setzten die Fähigkeit voraus, die richtigen Arten zu wählen. Die Arten der Tiere, Gemüse und Mineralien, welche schliesslich benannt, angebaut und geschaffen wurden, sind genau die Arten, welche die Philosophen natürliche Arten genannt haben. Einige ihrer Eigenschaften waren von unschätzbarem Wert, weil wir dabei gelernt haben, sie zu verändern, zu verbessern, zu kontrollieren oder gegen die Natur zu bewahren. Die verschiedenen Theorien hinsichtlich dieser Arten, ob bei Aristoteles, Locke, Mill oder Hilary Putnam, entsprechen wie die Eulen der Minerva dem Stand der Wissenschaft. Das heisst, sie entsprachen zum Zeitpunkt ihrer Entwicklung tatsächlich dem jeweiligen Stand damaliger technologischer Fachkenntnis und wissenschaftlichen Könnens. Jeder Autor glaubte, eine zeitlose Beschreibung von Universalien oder Sorten (Locke) oder echten Arten (Mill) oder Begriffe von Arten (Putnam) vorzulegen.
Aber sie alle stellten gehorsam einen bestimmten Stand der jeweiligen Beherrschung der nicht-humanen Welt dar, und wenn wir diese Autoren lesen, lesen wir eine Kurzfassung, die mit «natürliche Arten, wie wir sie heute kennen» hätte überschrieben sein können. Die Hauptquelle der Unterschiede zwischen diesen kanonischen Schriften besteht darin, dass sie verschiedene Stadien des Wachstums westlichen Wissens darstellen. Das Konzept «natürliche Art» (unter welchem Titel auch immer) ist unbestritten. Wir werden

nur daran erinnert, dass diese Vorstellung (wie alles andere auch) historisch und in Entwicklung begriffen ist.

Die Geschichte der Menschenarten wird sich (so fährt der Historizist fort) als ähnlich und tatsächlich als ein Teil der Geschichte erweisen. Dass man dem Suizid, dem Inzest, der Grausamkeit gegenüber Kindern und sogar der Teenager-Schwangerschaft Aufmerksamkeit gewidmet hat, finden wir an vielen Orten und zu vielen Zeiten. Manche Wissenschafter mahnen an, dass dämonische Besessenheit, Trancezustände und Schamanismus «dieselbe Art von Zustand» sind wie die multiple Persönlichkeitsstörung und vielleicht sogar bestimmten Orten im Gehirn zugeordnet werden können. Menschenarten benötigen eine ziemlich spezifische soziale Organisation, um existieren zu können. Teenager-Schwangerschaften kann es nicht geben, bevor unverheiratete Teenager-Mädchen nicht eine umrissene Gruppe von Mädchen bilden, von denen man annimmt, dass sie nicht schwanger werden sollten. Das Konzept von Jugendkriminalität beruht teilweise auf dem der Familie, auf Ansichten über Abhängigkeit und darauf, wie Altersgruppen strukturiert sind. Nichtsdestoweniger mag es Menschenarten geben, welche auf stärkeren Generalisierungen beruhen als andere.

Wir sollten (schliesst der Historizist) langsam zu einer korrekten Vorstellung von Naturgesetzen gelangen – wir sind vom aristotelischen Essentialismus durch den positivistischen Instrumentalismus hindurchgegangen und in gewissem Masse wieder zurück zu universalen Gesetzen der Verursachung und der Symmetrie. Auf weitgehend demselben Weg werden wir zu einer korrekten Auffassung der Gesetze, denen menschliche Wesen unterliegen, gelangen. Das können wir vielleicht nur dann erreichen, wenn unsere Vorstellung eines Gesetzes sich von der deterministischen zur probabilistischen weiterbewegt hat, wenn wir einen neuen Typus von Wissenschaft geschaffen haben, der auf Normalität und Abweichung von der Norm ausgerichtet ist, und wenn die Idee einer menschlichen Natur durch die Idee normaler Leute ersetzt wurde (Hacking 1990) – so wie die Wesenheiten den gesetzesähnlichen natürlichen Arten gewichen sind. Die für Menschen zutreffenden Gesetzmässigkeiten tauchen erst langsam auf, und wir haben gerade erst damit begonnen, die Menschenarten in den Griff zu bekommen, welche sich als nützlich erweisen werden. Aber am Schluss werden die Menschenarten eine Unterklasse natürlicher Arten sein. Das wird dafür sorgen, dass die Dinge nicht mehr dieselben sind. Der Einbezug der Menschenarten in die natürlichen Arten wird ein weiterer Schritt in der Entwicklung unseres kausalen Verstehens der Natur sein.

Wegen meines anfänglichen Bekenntnisses zur Indifferenz hinsichtlich jeder Theorie über natürliche Arten werden Sie erwartet haben, dass ich mich hier nicht in einen abgestandenen Streit mit der positivistischen Sichtweise verwickeln will, dass alle gute Humanwissenschaft Naturwissenschaft sei und dass alle guten Menschenarten in natürliche Arten übergeführt werden. Ich bin mit der weit heikleren historizistischen Betrachtungsweise nicht einverstanden. Es geht hier um die richtige Sicht von Philosophien der natürlichen Arten, aber sie ist falsch in Bezug auf den Schluss der Geschichte.

Verstehen, Konstruktion

Ich bin selber schuld, wenn ich missverstanden werde. Man könnte denken, ich träte für eine alte Behauptung ein, nicht für eine neue. Ich muss deutlich machen, dass, welche Spaltung auch immer aus meiner Analyse folgen sollte, es eine ist, die noch nicht häufig erörtert wurde. Weder vertrete ich eine von zwei extrem bedeutsam klingenden Thesen, noch impliziere ich sie. Ich halte nicht dafür, dass die Naturwissenschaften Erklärungen wollen, während die Humanwissenschaften Verstehen verlangen. Ich predige nicht, dass Menschenarten konstruiert und natürliche Arten es nicht sind.

Der Disput um das *Verstehen** hat zum Teil mit Methodologie zu tun, einem Thema, das ich verabscheue. Es gibt einen immensen Korpus von Argumenten, denen zufolge sich je ganz unterschiedliche Methoden für die Natur- und die Humanwissenschaften ziemen, wobei die eine auf Erklärung, die andere auf Verstehen abzielt. Ich glaube, dass es tatsächlich einige tiefe Einsichten auf der *Verstehens**-Seite der Diskussion gibt, die aber hier nicht von Bedeutung sind. Und zwar deshalb nicht, weil, wie ich gezeigt habe, Menscharten dadurch ihren Platz im Korpus des Wissens gefunden haben, dass sie dem Modell der einwandfreien Verursachung in den Naturwissenschaften nachgebildet wurden. Damit will ich nicht sagen, dass die Menschenarten ein schrecklicher Fehler sind – Fehler des Strebens nach Kontrolle (durch Erklärung) anstelle eines Verstehens.

Wir haben keine andere Wahl als diejenige, Menschenarten zu benützen, und Menschenarten sind (nach meiner Definition des Begriffs) kausal und instrumentell. Wir sind auf Gedeih und Verderb an Menschenarten gebunden, welche eher kausale Analysen als *Verstehen** oder Sinn verlangen. Sie sind ein Teil unseres Wissens über Menschen.

Wir könnten uns vielleicht der angenehmen romantischen Phantasie hingeben, die instrumentellen Humanwissenschaften aufzugeben oder sie zu ersetzen; dies ist aber nicht möglich. Sie sind nicht nur ein Teil unseres Wissenssystems, sie sind ein Teil des Wissens selbst. Sie sind zudem unser Regierungssystem, unsere Art, uns zu organisieren; sie sind die grossartigen Stabilisatoren des westlichen industriellen – auf das Zeitalter der Manufaktur folgenden – Wohlfahrtsstaates, der erst mit der Dienstleistungsindustrie zur vollen Entfaltung kommt. Die Methode der Herstellung von «Studien», um gesetzesähnliche Regelmässigkeiten und Tendenzen zu entdecken, stellt nicht nur die Weise dar, herauszufinden, was was ist; «Studien» generieren Konsens, Akzeptanz und Intervention. Das einzige bedeutende Argument zugunsten des Durkheimschen Funktionalismus ist auf bizarre Weise selbstreflexiv: Obwohl die bewussten Ziele der Sozialwissenschaften Wissen und Helfen sind, ist ihre tatsächliche Funktion jene der Bewahrung und Anpassung des Status quo. Hierzu passt Douglas' (1986) «Feedback»-Randbemerkung zum Funktionalismus in ihren Vorlesungen *How Institutions Think*. Je unbefriedigter der Status quo mit sich selbst ist, desto grösser ist die Nachfrage nach sozialwissenschaftlichen Forschungen und umso mehr verlässt man sich auf die Gültigkeit ihrer Ergebnisse. Wenn sich das Fragen wieder erübrigt, kehrt Stabilität zurück.

Ich wende mich nun einer andern Weise zu, wie man mich verstehen könnte. Ich behaupte keineswegs, dass Menschenarten irgendwie konstruiert seien, während natürliche Arten irgendwie gegeben sind. Ich versuche mich hier grundsätzlich einer Meinung hinsichtlich der konstruktivistischen Kontroversen, die uns umkreisen, zu enthalten. Aber ich muss sie zur Kenntnis nehmen, weil ich festgestellt habe, dass der Anti-Konstruktivist (oder kurz: der Realist) sagt, alle guten Menschenarten seien (reale) natürliche Arten, während der Sozialkonstruktivist sagt, dass alles sozial sei – und damit das Natürliche auch. (In einer Diskussion über einen meiner früheren Artikel über Kindsmissbrauch sagte James Bogen das Erste und Bruno Latour das Zweite.)

Mich ermutigt die Tatsache, dass es sich bei den spannendsten Argumenten der Sozialkonstruktivisten hinsichtlich der Arten um die hochklassigen – zum «Hightech» zählenden – natürlichen Arten handelt. Ich denke dabei an Latours (zusammen mit Steven Woolgar) erstes Buch *Laboratory Life: The (Social) Construction of a Scientific Fact* – wobei das Wort «sozial» in der Ausgabe von 1979 stand, dann aber in der Ausgabe von 1986 mit der Begründung gestrichen wurde, es sei alles sozial. Das Buch handelt von der Entdeckung der chemischen Struktur eines für den Hypothalamus, den Metabolismus und die Reifung wichtigen Tripeptids. Oder ich denke an Andy Pickerings *Construction Quarks.* Diese Autoren behaupten unter anderem, dass es irreführend sei, von wissenschaftlichen Entdeckungen zu sprechen. Die Fakten, um die es geht, würden in einem mikrosoziologischen Prozess konstruiert und existierten, was von entscheidender Bedeutung sei, nicht vor den beschriebenen Ereignissen.

Meine Strategie ist es, bereitwillig nach links zu schwenken und mich auf die Seite der Konstruktivisten zu schlagen. Ja, Fakten sind sozial konstruiert, und ebenso sind es die Fakten über Arten. Aber innerhalb der Domäne sozialer Konstruktionen kann ich immer noch behaupten, dass zwischen Quarks und Tripeptiden einerseits und dem, was ich Menschenarten nenne, andererseits ein grosser Unterschied besteht. Zu meiner Rechten ertönt ein Aufruhr; also wende ich mich den Realisten zu und gestehe bereitwillig ein, dass multiple Persönlichkeitsstörung und Adoleszenz genau so real seien wie Elektrizität und Schwefelsäure. Anna Freud erhebt für die Psychoanalyse den Anspruch auf die Entdeckung der Adoleszenz, und die Entdeckung des Phänomens der Dissoziation wird Pierre Janet zugeschrieben. Wie könnte ich mir anmassen, solchen Ansprüchen auf Ruhm widerstehen zu können, ausser vielleicht, wenn es um die Trivialität geht, dass die Entdeckung vielleicht von jemand anderem stammt?

Für die vorliegenden Zwecke gehe ich also so vor, als gäbe es keinen grundlegenden Unterschied zwischen Realismus und Konstruktivismus. Schwangerschaft im Teenager-Alter könnte «realer» nicht sein, und ihre Merkmale sind streng definiert. Ebenso treffend wird sie zu einem bestimmten Zeitpunkt in der amerikanischen Geschichte als sozial konstruierte Menschenart beschrieben. Ähnlich gilt: Kinder wurden bereits vor der «Kindsmisshandlung» misshandelt. Wenn etwas davon zeugt, sozial geschaffen und geformt worden zu sein, dann ist es die Geschichte dieses Konzepts in den letzten drei Jahrzehnten. Ein zufälliger Vorteil dieses Beispiels liegt darin, dass einige der lautstarken Sozialkonstruktivisten, die insistieren, dass fast alles soziale Konstruktion sei, hinsichtlich des Kindsmissbrauches genau das Gegenteil behaupten, ohne sich ihrer Kehrtwendung bewusst zu sein. Zu Recht sagen sie, er sei ein reales Übel, das von der Familie und dem Staat vertuscht worden sei. Sie sagen ferner, dass unsere Aufdeckung der Prävalenz von Kindsmisshandlungen ein bedeutender Fortschritt der westlichen Aufmerksamkeit sei. Damit bin ich einverstanden. Kindsmisshandlung ist ein wirkliches Übel, und sie war dies auch, bevor sie als Menschenart sozial konstruiert wurde. Weder ihre Realität noch ihre Konstruktion sollten in Frage gestellt werden.

Ich will damit nicht implizieren, dass Konstruktion- vs. Realismus-Fragen für Menschenarten nicht wichtig seien. Sie haben sehr wohl eine Bedeutung, aber nur in einem spezifischen Kontext. Ihre Bedeutsamkeit ist unabhängig von aufgeblähten, allgemein philosophischen Allzweck-Themen. Das am sorgfältigsten ausgearbeitete Beispiel, das als die sozialkonstruktivistische Kontroverse um die Homosexualität bezeichnet wurde, war für die klassifizierten Menschen von grosser Tragweite. Für die eine Partei war es wichtig, die These aufrechtzuerhalten, dass «der Homosexuelle» als «Art einer Person» ein soziales Konstrukt – vor allem der Psychiatrie und der Jurisprudenz – sei. Für die anderen war es wichtig, darauf zu beharren, dass es in jedem Zeitalter Menschen gab, die sich sexuell und emotional zu Menschen des gleichen Geschlechts hingezogen fühlten. Es gibt zu diesen Themen endlos viele Variationen. Stein (1992) hat (in einem Essay seiner Aufsatzsammlung *Forms of Desire*) die entsprechenden konzeptuellen Unterscheidungen getroffen und dadurch mehrere Weisen ausgearbeitet, in welchen essentialistische und konstruktivistische Haltungen nicht nur kompatibel sind, sondern sich auch gegenseitig bekräftigen.

Looping

Wie also unterscheiden sich natürliche Arten von jenen, die ich Menschenarten nenne? Ich sehe zwar einen grundsätzlichen Unterschied, möchte ihn aber nicht übergewichten: Menschenarten sind mit Werten beladen. Eine Schlammkruste oder polarisierte Elektronen mögen je nach dem, was wir damit machen wollen, als gut oder schlecht betrachtet werden, doch Kindsmisshandlung ist schlecht und die multiple Persönlichkeit ist eine Störung, die geheilt werden muss.

Das Kennzeichen der Wissenschaft ist ihre Wertneutralität. In der Geschichte der Sozialwissenschaften wurde durchwegs streng auf der Unterscheidung zwischen Fakten und Werten beharrt. Geschenkt, könnte man sagen, denn die Naturwissenschaften waren selten genötigt, auf dieser Unterscheidung zu beharren. Im Gegenteil: Ältere Wissenschaftler bedauern immer wieder, dass in den Naturwissenschaften nicht mehr Werte zu finden sind. Sollten wir nicht argumentieren, dass wir uns dem Geist Gottes, und somit dem Guten, nähern? In den Sozialwissenschaften verhält es sich anders. Hier gibt es einen deutlich vernehmbaren Ruf nach Fakten, Fakten und noch mehr Fakten. Der Sozialwissenschafter kann nur mittels Fakten und den daraus hergeleiteten Verallgemeinerungen dem Apparat unserer Zivilisation nützlich sein. Die Sozialwissenschaften liefern die rohen Daten, und wir, die Laien, sind dann in der Lage, eine von den Tatsachen und unseren Werten abhängige, begründete Wahl zu treffen.

Der wackere Ruf nach Wertneutralität war häufig Gegenstand zynischer Verleumdung. So wird gesagt, dass vorgebliche Erkenntnisse gewissen Interessen dienten und somit mit Werten aufgeladen seien. Diese Frage ist umstritten, und ich kann wenig mit dieser sogenannten Interessentheorie anfangen – die pauschale Zuschreibung von Interessen zu allen möglichen Arten von Erkenntnissen. Stattdessen konzentriere ich mich auf die weniger umstrittene Beobachtung, dass alle Klassen, die ich Menschenarten nenne, mit Werten aufgeladen sind. So war es in der Soziologie üblich, die Klasse der Kinder mit abweichendem Verhalten der Klasse von normalen Kindern, normalem Verhalten, normaler Entwicklung, normalen Reaktionen und normalen Gefühlen gegenüberzustellen, und Abweichungen werden üblicherweise als schlecht betrachtet. Natürlich hat die

Normalverteilung in der Statistik zwei Pole, die Idioten am einen Ende der normalen Intelligenz und die Genies am anderen; dazwischen steht die Mittelmässigkeit (das Mittelmass) (wie Francis Galton es ausdrückte). Wertneutral? Ich will nicht behaupten, dass eine Bewertung in den Kausalgesetzen hinsichtlich charakteristischer Menschenarten bestehen muss. Die Entdeckungen brauchen keinem Interesse zu dienen und Tatsachen können wertfrei sein. Ich will nur auf die elementaren Grundvoraussetzungen solcher Untersuchungen aufmerksam machen: Wir untersuchen Menschenarten, die als solche schon mit Werten aufgeladen sind.

Regelmässig gibt es Versuche, Menschenarten mittels Biologisierung oder Medizinalisierung von ihren moralischen Beimischungen zu befreien. Kindsmissbraucher sind dann nicht böse; sie sind krank und brauchen Hilfe! Sie können nichts für ihre Verbrechen. Sie wurden als Kinder missbraucht, und darum missbrauchen sie ihre eigenen Kinder. Es steht uns nicht zu, schwangeren Teenagern Schuldgefühle zu machen. Die Welt wäre ein besserer Ort, wenn es keine alleinerziehenden Eltern / Kinderschänder / Suizide / multiple Persönlichkeiten / Landstreicher / Prostituierten / jugendlichen Delinquenten / Wiederholungstäter / Bulimiker(innen) / Alkoholiker / Homosexuelle / Pädophile / Langzeitarbeitslose / Obdachlose / Ausreisser etc. gäbe. Aber wir wollen ihnen keine Vorwürfe machen, wir wollen sie medizinalisieren. Dies passt gut zur metaphysischen Tendenz, die ich früher erwähnt habe, dass kausale Verbindungen zwischen Arten irgendwie verständlicher scheinen, wenn sie auf einer biologischen statt einer psychologischen oder sozialen Ebene angesiedelt werden.

Ich beabsichtige nicht, eine Diskussion über den starken moralischen Gehalt von Menschenarten zu führen. Ich interessiere mich auch nicht für die moralischen Untertöne der Menschenarten, insofern diese dazu benutzt werden, die Unterscheidung von Fakten und Werten in Frage zu stellen, und auch nicht dafür, den soziologischen Anspruch zu kritisieren, sich oberhalb (oder unterhalb) der Werte-Ebene zu befinden. Ich erwähne dies, weil es hinsichtlich einer andern Unterscheidung zwischen der Sphäre des Menschen und der Sphäre der Natur von Bedeutung ist. Menschenarten sind Arten, zu denen Menschen gehören wollen oder eben nicht, und zwar nicht, um einen Zweck zu erreichen, sondern weil Menschenarten ein innerer moralischer Wert zukommt.

Wenn N eine natürliche Art ist und Z N ist, so macht es für Z keinen unmittelbaren Unterschied, wenn es N genannt wird. «Schlamm» genannt zu werden, macht weder für Schlamm noch für eine Schlammpfütze einen Unterschied. Einem Hormon, welches Thyrotropin freisetzt, ist es ebenso egal wie einer Flasche TRH, wenn sie TRH genannt werden. Wenn wir feststellen, dass das Z N ist, können wir natürlich etwas tun, um es zu schmelzen oder zu formen, es zu kochen oder zu ertränken, es zu züchten oder umzutauschen. Um den Schmutz aus einem T-Shirt meines Kindes zu entfernen, benutze ich ein normales Waschmittel und nicht das mit Enzymen angereicherte Produkt, das ich für einen Grasfleck oder für Blut benutzen würde. Weil eine bestimmte Flüssigkeit ein Thyrotropin freisetzender Faktor ist, könnte ein Experimentator sich dafür interessieren, was geschieht, wenn sie sexhungrigen Fröschen oder schlafenden Alligatoren injiziert oder suizidalen Frauen in einer Megadosis gegeben wird (alles wahre Geschichten). Aber ob wir Z N nennen, oder sehen, dass Z N ist, macht für Z keinen Unterschied.

Wenn H eine Menschenart ist und A eine Person, dann kann es dazu führen, dass wir A anders behandeln, wenn wir sie H nennen, genau wie wir mit Z etwas machen, wenn wir es N nennen. Vielleicht belohnen wir A oder sperren sie ein, belehren sie oder entführen sie. Aber für A macht es eben einen Unterschied zu wissen, dass sie ein H ist, und zwar genau darum, weil Menschenarten oftmals einen moralischen Beiklang haben. Vielleicht will A kein H sein! Mich als ein H zu betrachten ändert die Weise, wie ich über mich denke. Vielleicht könnte ich mich von jetzt an etwas anders verhalten. Nicht nur, um einer Schande zu entgehen (ich bin bis jetzt ungeschoren davongekommen), sondern weil ich nicht so eine Person sein will. Selbst wenn es für A keinen Unterschied macht, wird es einen Unterschied machen hinsichtlich der Art, wie die Leute über A denken, wie sie sich zu A verhalten, sodass sich As soziale Umgebung verändert. Diesen indirekten Effekt werde ich weiter unten diskutieren, wenn es um Kinder geht, die nicht verstehen können, wie sie klassifiziert und behandelt werden, beispielsweise autistische Kinder.

Es ist ein Gemeinplatz in der Theorie menschlichen Handelns, dass eine intentionale Handlung als eine Handlung «unter einer Beschreibung» bezeichnet wird. Da Menschenarten geschaffen und geformt sind, verändert sich das Feld der Beschreibungen, und damit auch die Handlungen, die ich ausführen kann; mit anderen Worten: Die Zugehörigkeit zu einer Menschenart beeinflusst das Feld möglicher intentionaler Handlungen. «Intentionale Handlung» ist allerdings in diesem Zusammenhang nicht ganz zutreffend. Die Weisen, sich selbst zu sehen, und die Rollen, die angenommen werden können, sind vielfältiger. Ich glaube nicht, dass Menschen mit multipler Persönlichkeit ihre Störung absichtlich wählen oder gar, dass sie von ihren Therapeuten dazu angeleitet werden. Allerdings würde sich kaum jemand in dieser Weise verhalten, wenn diese Möglichkeit gar nicht verfügbar wäre. Dieser Weg bietet gewissen Leuten eine Möglichkeit, ihre Schwierigkeiten auszudrücken; es ist eine von vielen Rollen, die uns bereitgestellt werden, und einigen Personen fällt sie zu – oft indem ihre Vergangenheit auf eine neue Weise beschrieben wird.

Menschenarten besitzen eine noch erstaunlichere Macht (so jedenfalls könnte es dargestellt werden) als nur die, Möglichkeiten für zukünftiges Handeln zu eröffnen. Sie erlauben es uns, unsere Vergangenheit in einem Masse umzuschreiben, dass Menschen neue Vergangenheiten erleben können. Eine verblüffende Zahl von Erwachsenen gelangen zur Ansicht, dass sie selber als Kinder missbraucht wurden. Seit kurzem ist es Mode geworden zu sagen, dass wir uns über unsere Biographien, unsere persönlichen Narrative definieren. Wenn es neue Handlungsbeschreibungen gibt, dann kann es auch neue Geschichten geben. Um ein extremes Beispiel zu nennen: Einige Leute sehen sich als Inzestüberlebende, was wiederum ihr Leben und ihre Beziehung zu ihrer Familie verändert. Hier geht es nicht lediglich darum, vergessene Traumata aufzudecken; es geht um die Tatsache, dass neue Beschreibungen zur Verfügung stehen, die sich in einer Art Gesetzmässigkeit mit wiederum neuen Beschreibungen, Erklärungen und Erwartungen verbinden. Eines der wirkungsmächtigsten Wörter in diesem Gebiet ist das Wort «Trauma» selbst, das eine relativ neue Art menschlichen Erlebens benennt. Früher war das Wort eine Bezeichnung für körperliche Wunden, Verletzungen oder Läsionen, aber jetzt bezeichnet es eine Art von seelischem Ereignis im menschlichen Leben – die psychische Wunde, zwar vergessen, aber noch immer aktiv. Bis vor kurzem wussten wir noch nicht, dass wir traumatisiert waren – oder, noch paradoxer, aber noch wahrer: Es war keine mögliche Art von Erfahrung, die man hätte haben können. Aber gewiss gehörte doch das Trauma – in seiner gegenwärtigen Bedeutung als psychische Wunde – immer schon zum festen Inventar menschlichen Lebens? Erst im letzten Jahrhundert ist es zur Menschenart geworden, d.h. zu einer Weise der Erfahrung, auf die der Anspruch auf wissenschaftliche Erkenntnis geltend gemacht wird. Erst seit kurzem ist jene offenkundige Verbindung geschaffen worden, die es ermöglicht, Vergewaltigung, Verführung von Kleinkindern, Kriegsneurose und Geiselhaft durch Terroristen unter diesem Begriff zu versammeln, wie dies Judith Hermann in ihrer bedeutenden Studie *Trauma and Recovery* (1992) beschreibt.

Demnach unterscheiden sich manche Menschenarten von einigen Arten von Dingen dadurch, dass die Klassifizierung von Menschen auf Menschen einwirkt, sie verändert und sogar ihre Vergangenheit verändern kann. Und das ist nicht das Ende des Vorgangs. Die Art selbst wird verändert. Also sind «wir», die Experten, gezwungen, unsere Klassifizierungen neu zu überdenken. Zudem werden kausale Beziehungen zwischen Arten verändert. Manchmal verfestigen sie sich bis zu einem Punkt, an dem sie einen wesentlichen Zusammenhang definieren. Es gehört mittlerweile zum Wesen der multiplen Persönlichkeit, dass sie durch wiederholte Traumata im Kindesalter verursacht wird. Dies nicht, weil wir über die Natur dieser Störung mehr erforscht haben, sondern deshalb weil Menschen, die sich als Betroffene dieser Störung sehen, nun in sich selber Erinnerungen dieses Traumas entdecken. Oft sind dies Traumata, die sie vor 20 Jahren nicht einmal hätten begrifflich fassen können. (Dies kann durch erstaunliche empirische Fakten illustriert werden; so tauchten z.B. vor sechs Jahren in amerikanischen Kliniken Hunderte von Leuten mit Erinnerungen an groteske sadistische Misshandlungen im Zusammenhang mit Kultritualen auf; vieles von dem, an das sie sich unter diesen Beschreibungen erinnern, hätten sie sich noch vor zwölf Jahren nicht vorstellen können.)

Neue Weisen der Klassifikation von Menschen zu schaffen bedeutet gleichzeitig auch die Weise zu verändern, wie wir uns selbst verstehen, eine Veränderung unseres Selbstwertgefühls, ja sogar der Erinnerung an unsere eigene Vergangenheit. Dies wiederum generiert einen Looping-Effekt, weil Menschen einer solchen Art sich unterschiedlich verhalten und also auch unterschiedlich sind. Wenn also die Art sich ändert, muss neues kausales Wissen erlangt und vielleicht altes kausales Wissen über Bord geworfen werden.

An dieser Stelle muss ich der Labelling-Theorie einerseits zwar zustimmen, mich aber andererseits von ihr distanzieren. Es wurde auch schon argumentiert, einen jugendlichen Straftäter (etc.) als solchen zu benennen und dieses Etikett institutionell zu untermauern, veranlasse diese Person dazu, bestimmte stereotype Verhaltensmuster anzunehmen. Wenn ein Jugendlicher als J etikettiert wurde, würde er immer mehr charakteristische Merkmale von J annehmen. Diese Behauptung betrifft die Etikettierung von *Individuen*. Ich bin mir sicher, dass diese Behauptung für einige Individuen wahr ist. Ich gehe noch zwei Schritte weiter. Ich anerkenne, dass es Veränderungen bei Personen dieser Art gibt, was bedeutet, dass die Art selber anders wird (möglicherweise wird sie in ihrem Stereotyp bekräftigt, aber ich möchte betonen, dass auch genau das Gegenteil passieren kann). Als Nächstes gilt es, neues Wissen über die Art zu erlangen, weil die Art sich verändert. Aber dieses neue Wissen wird seinerseits Teil des Wissens über Zugehörige zu der Art, welche sich wieder verändern. Genau dies bezeichne ich als den Looping-Effekt von Menschenarten.

Je gewichtiger die moralischen Konnotationen einer Menschenart, desto ausgeprägter ist auch ihr Potential hinsichtlich des Looping-Effekts. Auch wenn ich hier das Thema nicht näher ausführen will: Wir finden sogar bei den relativ wertneutralen Daten – in Volkszählungen oder andern Befunden von Regierungsbehörden – ähnliche Effekte. Diese Effekte sind durch eine Anzahl von Forschern wie Desrosières (1993) mit bemerkenswerten Ergebnissen untersucht worden. Folgendes Beispiel zeigt schon ein Stück Selbstreflexion: Das Amt, das für die französische Volkszählung zuständig ist, beobachtet gleichzeitig, was vergangene Volkszählungen mit jenen Leuten gemacht haben, die in diesen Zählungen spezifiziert wurden. In jedem Jahrzehnt entwirft die Volkszählung eine neue Klassifizierung der Bevölkerung, und diese Klassifikation wird dann während des nächsten Jahrzehnts oder noch länger als Gesellschaftsstruktur wahrgenommen. Ebenso wissen die Amerikaner, dass «Hispanic» eine vom statistischen Amt erfundene ethnische Art ist; dies wirkt sich auf viele Leute aus, die sich jetzt als Hispanische betrachten, aber eine noch viel grössere Wirkung hat dies auf ihre nicht-hispanischen Nachbarn; hierzu verweise ich auf die Diskussion über administrative und selbst zuschreibende Arten weiter unten. Ich habe selber, aber ohne hinreichende Begründung, behauptet, dass die endlosen Berichte und Tabellen, die von unzähligen britischen Regierungsbeamten erstellt und von Karl Marx so sorgfältig untersucht wurden, stärker als Karl Marx selbst zur Bildung des Klassenbewusstseins beigetragen haben.

Die Reaktionen von Menschen auf Versuche, sie zu verstehen oder zu verändern, unterscheiden sich von den Reaktionen von Dingen. Diese banale Tatsache ist der Kern einer der Unterscheidungen zwischen den Natur- und den Humanwissenschaften, und sie zeigt sich auf der Ebene der

Kategorisierung. Die Einführung einer Klassifikation von Menschen schliesst einen Looping- oder Rückkoppelungseffekt ein. Neue Sortierungen und Theoretisierungen führen zu Veränderungen in den Selbstkonzepten und im Verhalten der klassifizierten Menschen. Diese Veränderungen erfordern Revisionen der Klassifikation und der Theorien, der Kausalzusammenhänge und der Erwartungen. Es werden Arten modifiziert, revidierte Klassifikationen gebildet, und die Klassifizierten verändern sich erneut, Schlaufe um Schlaufe.

Mehr Arten

An dieser Stelle können zwei verschiedene Einwände erhoben werden. Erstens, dass ich solche Beispiele wähle, die sich für die Looping-Effekt-These besonders eignen, und dass die Evidenz der Beweise sogar in diesen Fällen dürftig ist. Auf diesen Einwand kann ich hier nicht eingehen, weil ich dafür genauere Beobachtung, Geschichte, und zu einem gewissen Grad auch «Archäologie» (im Sinne Michel Foucaults) brauchte.

Zweitens wird man einwenden, dass sich meine Behauptungen auf eine allzu ausgeklügelte Auswahl von Beispielen stützen. Das verstehe ich voll und ganz. Meine Antwort darauf fällt etwas weitschweifig aus. Der Einwand legt vielleicht nahe, dass es zentrale, «prototypische» Arten gebe, die in den Human- und Sozialwissenschaften erforscht werden, und dass sich diese in vielerlei Hinsicht von meinen allzu aufsehenerregenden und problematischen Beispielen unterscheiden. Ich bin der Ansicht, dass es noch viel mehr Kategorien von Menschenarten gibt als nur jene, über die ich gesprochen habe – insofern bin ich mit den Einwänden einverstanden, aber ich glaube nicht, dass es irgendeinen zentralen Kern gibt. Es bleibt mir also nichts anderes übrig, als einige Typen von Arten aus dem Gebiet der Sozial- und Humanwissenschaften vorzuschlagen. Ich hätte gerne eine Systematik bereitgestellt, glaube aber nicht, dass eine solche Struktur verfügbar ist. Ich kann Ihnen also nur eine kunterbunte Sammlung anbieten unter ziemlich ungenau formulierten Titeln wie beispielsweise Arten zweiter Ordnung, biologisierte Arten, unzugängliche Arten, administrative Arten und selbst zuschreibende Arten. Diese Aufzählung ist weder vollständig noch schliessen diese Arten sich gegenseitig aus.

Ich möchten den Eindruck vermeiden, dass es eine feste Vorstellung davon gibt, wie Menschenarten beschaffen sind, indem ich die Aufmerksamkeit auf einige Facetten der Menschenarten lenke, an die wir gewöhnlich nicht denken. Ich möchte diesen zweiten Einwand («Du hast die zentralen Beispiele von Menschenarten ausgelassen») in Wittgensteins Warnung umformulieren: Du befolgst eine zu einseitige Diät mit deiner Auswahl an Beispielen. Damit bin ich einverstanden und werde dementsprechend die Diät modifizieren.

Arten zweiter Ordnung

Während weit über hundert Jahren war die mächtigste Kategorie zweiter Ordnung, die in Zusammenhang mit Menschen verwendet wurde, die der Normalität. Wir verdanken es Georges Canguilhem, das Normale als ein organisierendes Schlüsselkonzept in der Medizin erkannt zu haben. Michel Foucault hat diese Vorstellung übernommen, indem er die Klinik des neunzehnten Jahrhunderts als einen Ort bezeichnete, der sich nicht auf die Gesundheit, sondern auf die Normalität konzentrierte. Der Gegensatz normal–

pathologisch hat sein Netz weit über das Gebiet der Medizin gespannt. Auguste Comte hat ihn sogleich auf den Bereich der Politik ausgeweitet. Er erhielt dann seine der Statistik gemässe Ausformulierung durch Adolphe Quetelet, Francis Galton und Karl Pearson (welch letzterer in den 1890er Jahren die Gauss'sche glockenförmige Kurve in «die Normalverteilung» umbenannt hat).

Ich nenne Normalität aus demselben Grund eine Kategorie zweiter Ordnung, aus dem man (nach Kant) Existenz ein Prädikat zweiter Ordnung oder (nach Frege) eine Zahl als ein Konzept zweiter Ordnung bezeichnen könnte. Nichts ist nur zwei (oder, für unsere Zwecke, auch nur eins): Es gibt zwei Äpfel oder zwei Helden oder zwei Quellen der Ansteckung. Man muss zwei von etwas sagen. Ebenso ist nichts nur normal. Man muss von etwas Bestimmtem sagen, dass es normal sei: ein normales Kind, normale Idiosynkrasien, normale Sprachmuster oder normale Entwicklung. Normalität liefert uns ein bemerkenswertes Allzweckmedium, um neue Menschenarten als Abweichungen von der Norm zu charakterisieren.

Typischerweise werden Menschenarten, die Normalität beinhalten, in Begriffen der Abnormalität definiert. Das 1906 gegründete *Journal of Abnormal Psychology* war einst ein Wegbereiter für die Organisation von Arten. Seine Aufgabe war es, Menschenarten zu modellieren, und dies – wie sich zeigen sollte – mit dem besonderen Schwerpunkt auf der multiplen Persönlichkeit. «Ortho», das griechische Wort für normal, eignet sich ebenso für die Ausformung von Arten. Die *American Orthopsychiatric Association* wurde 1924 von Mitarbeitern kinderpsychiatrischer Beratungsstellen gegründet; das *Journal of Orthopsychiatry* folgte wenig später. Der Titel erweckt den Anschein, als ob das Normale das Forschungsobjekt wäre, aber dies war keineswegs der Fall. Das Ziel war, von der Norm abweichende Kinder zu erkennen, zu klassifizieren, zu betreuen und zu heilen. Sie sollten so umgeformt werden, dass sie sich so normal wie möglich entwickeln könnten.

Normalität beschränkt sich nicht auf den Bereich des Menschlichen. Der Begriff entstammt der Physiologie (normaler und pathologischer Physiologie) und lässt sich ohne weiteres auf vieles anwenden, was biologisch oder jenseits davon ist. Es gibt abnormale – ja sogar pathologische – quasi-stellare Objekte. Diese Adjektive bedeuten nicht, dass der Quasar krank ist, aber dass er etwas ziemlich Aussergewöhnliches an sich hat, das Astrophysik und Kosmologie noch nicht ganz verstehen können.

Das Normale kann überall sein, zuhause ist es aber im Menschlichen. Die Vorstellung des Normalen ist teilweise verantwortlich für den moralischen Unterton hinsichtlich mancher Menschenarten. Tief in der Wurzel der Wörter überbrückten das lateinische «norm» und das griechische «ortho» die Unterscheidung von Werten und Tatsachen. Sogar in der Geometrie verhält sich eine Linie zu einer andern normal oder orthogonal, wenn sie einen rechten Winkel, einen Winkel von 90° bilden (deskriptiv). Der Winkel ist ausserdem «richtig», gut für Zimmerleute und Landvermesser (wertend). Orthopsychiatrie besteht im Studium der normalen und abnormen Entwicklung einzelner Kinder, wobei festgestellt wird, in welcher Weise einzelne von ihnen abweichen und wie sie wieder hergerichtet werden können. Jede Menschenart, die durch Abweichung vom Normalen erklärt wird, ist teilweise beschreibend: Die Art unterscheidet sich vom Gewohnten. Allerdings ist sie auch teilweise wertend: Die Art unterscheidet sich von dem, was richtig ist; sie ist schlechter, oder, im Falle von Galtons Abweichung vom Mittelmass, vielleicht auch besser.

Biologisierte Arten

Ich habe bereits den Hang der Menschenarten zum Biologischen erwähnt. «Biologisch» ist mein Kürzel für biochemisch, neurologisch, elektrisch, mechanisch oder was auch immer das bevorzugte Modell der Verursachung in einer bestimmten wissenschaftlichen Gemeinschaft oder Epoche sein mag. Dieser Hang ist eines der einflussreichsten Themata im wissenschaftlichen Denken. Allein schon sein Erfolg hat uns mit Optimismus erfüllt. Unser Vertrauen in sein Potential ist immens, und wir verfügen über zahlreiche bewährte Beispiele. Ich habe kein Problem mit biologischen Forschungsprogrammen in Bezug auf menschliches Verhalten. Dennoch möchte ich anmerken, dass die Biologisierung von Menschenarten sie nicht gegen Looping-Effekte immunisiert.

Eine Folge ist offensichtlich. Gegenwärtig neigen wir dazu, uns für unsere biologischen Eigenschaften nicht verantwortlich zu fühlen, es sei denn für solche, die wir durch gesunde Lebensweisen verändern können, vor allem durch Abstinenz und geistige oder körperliche Übungen. Natürlich ist die Biologie keine absolut sichere Ausrede; Susan Sontag schrieb darüber, wie Leute dazu gebracht werden, sich moralisch an ihrer Krebserkrankung beteiligt zu fühlen wie früher andere in Bezug auf ihre Tuberkulose. Es wird also behauptet, dass die Krankheit nicht rein biologisch sei, sondern auch eine psychische Komponente aufweise. Die gesundheitlichen Störungen von Frauen haben sich diesbezüglich als besonders ambivalent erwiesen. Und trotzdem wirkt die Biologie im grossen Ganzen entschuldigend.

Alkoholismus wurde glaubhaft als moralische Schwäche betrachtet; so auch von den Anonymen Alkoholikern, dem erfolgreichsten und am weitesten verbreiteten Programm zu dessen Bekämpfung. Es entstand eine Art von Meetings analog zu Kirche und Beichtstuhl, in welchen auf eine höhere Macht zurückgegriffen wird, «was auch immer jedes Individuum unter diesem Begriff verstehen mag.» Die alternative Auffassung, welche von vielen Behandlungsprogrammen im Anschluss an Hospitalisationen bevorzugt wird, ist biologisch, biochemisch oder sogar genetisch. Gemäss dieser Auffassung leidet der Alkoholiker unter einer Krankheit, für die er nicht verantwortlich ist, und er muss, ganz ähnlich wie eine Person mit Bluthochdruck, eine besondere Diät einhalten. Das wissenschaftliche (biologische) Wissen über Alkoholiker erzeugt eine Person anderer Art. Diese Tatsache wird dadurch verschleiert, dass sowohl der Wissenschaftler als auch der Moralist zwar um die Kontrolle über alle Alkoholiker als eine Art miteinander im Wettstreit liegen, aber dabei nicht anerkennen wollen, dass die Personen unter ihrem Einfluss zu je anderen Projektionen, Erwartungen und Annahmen über gesetzesähnliche Wahrscheinlichkeiten neigen. Manchmal zeigt sich dies ganz direkt. So behauptet die Stiftung zur Erforschung des Alkoholismus in meiner Stadt, eine sehr einflussreiche medizinische Institution, eine Klasse von Alkoholikern identifiziert zu haben, der es gelinge, zu einem gemässigten Trinken in Gesellschaft zurückzukehren; die Anonymen Alkoholiker bestreiten, dass es eine solche Menschenart gebe.

Bis vor kurzem, d.h. bis zur Welle der selbst zuschreibenden Arten, auf die ich weiter unter zu sprechen komme, waren die Anonymen Alkoholiker und ähnliche Anti-Sucht-Gruppen aussergewöhnlich moralistisch. Einige andere haben sich gegen den entmoralisierenden Einfluss der Biologisierung gewehrt. Wir bekommen täglich begeisternde Programme vorgesetzt. Weil sie eher Programme als Ergebnisse sind, sind sie in die Looping-Dynamik der Menschenarten involviert. Heute (während ich dies schreibe) ist der 13. November 1992. Auf der Titelseite der Morgenausgabe der *New York Times* ist ein Artikel mit dem Titel «Eine Studie betont die Rolle der Biologie bei gewalttätigem Verhalten». Er beginnt folgendermassen:

> «In einer deutlichen Abwendung von der traditionellen Kriminologie hat der [U.S.] National Research Council festgehalten, dass bei den Bemühungen, die Ursachen von Gewalt zu verstehen, biologische und genetische Faktoren neben Umweltfaktoren wie Armut berücksichtigt werden sollten.»

Für den Fall, dass wir die Autorität des National Research Council anzweifeln erinnert uns der nächste Satz daran, dass er «die Forschungsabteilung der Nationalen Akademie der Wissenschaften» ist. Eine der allgemeinen Botschaften lautet also, dass «Amerika flexiblere, pragmatischere und weniger ideologische Betrachtungsweisen benötigt, statt sich auf mehr Gefängnisse und längere Strafen» zu verlassen. Wenn also Gewalt zum Teil genetisch und biologisch ist, ist es nicht zweckmässig, wenn die Menschen in Straf- und Besserungsanstalten gebracht werden, um Busse zu tun und sich zu läutern. Ist dies nun eine «deutliche Abwendung von der traditionellen Kriminologie»? Was hier beschrieben wird, ähnelt in groben Zügen der Kriminalanthropologie von Cesare Lombroso und vielen andern mehr. Sie florierte vor einem Jahrhundert; ihre Hochblüte in Italien war 1875–1895. Ihre Vertreter werden als Bad Guys dargestellt, die in manchen klugen Büchern – das bekannteste ist Goulds (1981) *The Mismeasure of Man* – zum Teil höhnisch widerlegt wurden. Aber das Programm der Kriminalanthropologen hatte viele Parallelen zum jüngsten Bericht des *National Research Council*, bis hin zu seiner Vermengung von Biologie, Vererbung, Gefängnisreform und Schuldentlastung.

Gewalt ist gemäss meinen Kriterien (i)–(iv) keine Menschenart. Die Kriminologie ist hingegen eine Sozialwissenschaft. Institutionell gesehen entstand sie aus der Kriminalanthropologie, d.h. die ersten Fachbereiche für Kriminologie teilten Lombrosos Bestrebungen. «Kriminell» wurde – wie auch «Suizid» – von Fachleuten verwendet, um Menschenarten zu gruppieren. Der Schlusssatz der *New York Times*-Geschichte lautet:

> «‹Die bedeutendste Errungenschaft des Panels des National Research Council ist die Integration von biologischen und sozialwissenschaftlichen Daten, um einen neuen konzeptuellen Rahmen zu schaffen›, sagte Klaus Miczek, Professor für Psychologie an der Tufts Universität und Direktor des psychopharmakologischen Labors.»

«Neuer konzeptueller Rahmen» bedeutet zum Teil eine neue Sortierung, eine neue Taxonomie, eine neue Anordnung der Menschenarten oder eine Reorganisation der alten.

Reorganisation ist von entscheidender Bedeutung. Es kommt sehr selten vor, dass wir eine ganz neue Menschenart erfinden. Viel eher – wie bei allen anderen Bestrebungen auch – bauen wir auf den alten auf. Kindsmissbrauch beerbt zu einem nicht unwesentlichen Teil die allgemeine Grausamkeit an Kindern. Wir bemerken nicht, wie viele Menschenarten nicht bloss durch Erfindungen und Modellierungen entstehen, sondern durch einen Prozess, den man am besten als Wanderung bezeichnen kann. Diese Wanderung ist teilweise das Ergebnis dessen, wie eine Menschenart, wenn sie einmal biologisiert ist, auf die Weise reagiert, in der Menschen, die unter diese Art fallen, ihrerseits darauf reagieren, wenn sie in der Weise behandelt werden, welche die Wissenschaft vorschreibt.

Unzugängliche Arten

Ich habe grossen Nachdruck darauf gelegt, in welcher Weise Menschen einer Menschenart sich eben dieser Art bewusst werden können. Was ist aber mit jenen Menschenarten, in denen die klassifizierten Menschen nicht verstehen können, wie sie klassifiziert werden? Wir wollen sie unzugängliche Arten nennen. Menschen, die nicht verstehen können, wie etwa Kleinkinder, sind die offenkundigsten Beispiele dafür. Ein bewusstes Feedback ist nicht möglich. Es kann jedoch ein Looping eintreten, welches eine grössere menschliche Einheit umfasst, zum Beispiel die Familie. Ich selber wurde von einer Generation von Eltern aufgezogen, die annahmen – als wissenschaftliche Erkenntnis über Säuglinge –, dass Babys zu festgesetzten Zeiten gestillt werden müssten, unabhängig davon, wie unruhig sie waren oder wie sehr sie vor Hunger schrien. Die heutige Wissenschaft behauptet hingegen, dass die Angehörigen meiner Altersgruppe unwiderruflich psychisch geschädigt seien. Meine eigenen Kinder sind am Ende einer Zeit aufgewachsen, in der die Wissenschaft dazu anhielt, nach Bedarf zu füttern, wie es der amerikanische Bestseller-Autor und Pädiater Dr. Spock riet. Spocks Wissenschaft, an welche die Eltern glaubten, soll nun ihrerseits eine Generation von Blumenkindern und Pazifisten hervorgebracht haben. Wir können diese Folge von Episoden als einen Feedback-Zyklus betrachten; ich werde solchen wenig fundierten Mutmassungen nicht weiter nachgehen. Betrachten wir stattdessen eine deutlicher bestimmbare Menschenart, die den Personen der betreffenden Art selber nicht zugänglich ist: den Autismus. Einige Leser werden manche Aspekte dieser Geschichte gut kennen.

Das Wörterbuch definiert **Autismus** als «abnorme Selbstbefangenheit, die gewöhnlich bei Kindern auftritt und durch einen Mangel an Reaktion auf Menschen und Handlungen sowie eingeschränkte Kommunikationsfähigkeit gekennzeichnet ist; autistische Kinder lernen häufig nicht sprechen»[7]. Wir verdanken dieses Wort – so scheint es – Bleulers Beschreibung der Selbstbefangenheit und der «Loslösung des Denkens von der Logik und der Realität» bei Schizophrenen, ein Konzept, das er in seinem äusserst einflussreichen Buch *Dementia praecox oder die Gruppe der Schizophrenien* (1911) vorgelegt hat. Heute wird dieser Begriff in erster Linie auf Kinder angewendet oder aber auf Erwachsene, die als Kinder autistisch waren und abnorm geblieben sind.

7 Das *Diagnostic and Statistical Manual of Mental Disorders* (DSM-III-R) der American Psychiatric Association (1987) leitet seine diagnostischen Kriterien bezüglich der **Autistischen Störung** ein mit der Bemerkung: «Man beachte, dass ein Kriterium nur dann erfüllt ist, wenn das Verhalten hinsichtlich des Entwicklungsstands der Person abnormal ist.» Es formuliert in allem 16 Kriterien in drei Gruppen und verlangt, dass eine Person zwei Kriterien der Gruppe (A), eines der Gruppe (B) und eines der Gruppe (C) erfüllt: (A) qualitative Beeinträchtigung wechselseitiger sozialer Interaktion; (B) qualitative Beeinträchtigung der verbalen und nichtverbalen Kommunikation und der Phantasietätigkeit; (C) deutlich eingeschränktes Repertoire von Aktivitäten und Interessen. Zum Beispiel manifestiert sich (A) in einem «ausgesprochenen Mangel an Sinn für die Existenz von Gefühlen Anderer; kein oder abnormes Suchen nach Trost in Situationen des Kummers», (B) zeigt sich im «Fehlen von Formen der Kommunikation wie zum Beispiel dem kommunikativen Brabbeln, der Mimik, der Gestik oder der sprachlichen Äusserung; deutlich abnorme nonverbale Kommunikation wie zum Beispiel hinsichtlich des Blickkontakts», und (C) drückt sich aus durch ein «deutliches Unbehagen gegenüber Veränderungen hinsichtlich trivialer Aspekte der Umgebung». Die *International Statistical Classification of Diseases and Related Health Problems* (ICD-10), die von der Weltgesundheitsorganisation (1992) publiziert wurde, setzt leicht andere Schwerpunkte, stimmt aber weitgehend damit überein: «keine vorangehende Periode einer eindeutig unauffälligen Entwicklung», eine «unangemessene Einschätzung sozialer und emotionaler Signale», allgemeine «qualitative Beeinträchtigungen der Kommunikation», «ein beeinträchtigter Gebrauch von Veränderungen der Sprachmelodie [...], die die kommunikative Modulation widerspiegeln», «eingeschränkte, sich wiederholende und stereotype Verhaltensmuster, Interessen und Aktivitäten», «eine Bindung an ungewöhnliche, nicht-weiche Objekte». Die ICD-10 erwähnt Schlaf- und Essstörungen, Wutausbrüche, Phobien und Selbstverletzung wie zum Beispiel Beissen in den Handrücken als weitverbreitet.

Gemäss meinen Kriterien ist «das autistische Kind» eine Menschenart. Sie erhielt in den 1970er Jahren eine Vorreiterrolle unter den Arten. Das *Journal of Autism and Childhood Schizophrenia* wurde 1971 gegründet und 1979 in *Journal of Autism and Developmental Disorders* umbenannt. Wir haben eine starke Tendenz anzunehmen, dass autistische Kinder eine eindeutige Art bilden, die man im Prinzip zu vielen Zeiten in vielen Populationen hätte ausfindig machen können. Dies in der Annahme, Autismus sei das Ergebnis eines biologischen und nicht eines sozialen Defizits. Tatsächlich wurde der Autismus erstmals von Leo Kanner beschrieben, ausgehend von Kindern, die ihm 1938 aufgefallen waren. Er nahm an, dass man sie früher als von Geburt an taub oder als schwachsinnig bezeichnet hätte. Seine Beschreibung (Kanner 1943) erschien zu Beginn des zweiten Jahrgangs in *The Nervous Child*, einer damals innovativen Zeitschrift.

Die Kriterien zur Erkennung von Autismus – ganz zu schweigen von Theorien darüber, was Autismus «ist» – haben sich seit 1938 stark verändert. Die optimistische wissenschaftliche Ansicht ist, dass ein immer besseres Verständnis des Autismus entsteht, die Definition dieser natürlichen Art weiter verfeinert und ihre Ursache und ihr Wesen entdeckt wird. Es mag sein, dass ein aussen stehender Beobachter diesbezüglich weniger zuversichtlich ist. Ich glaube, dass niemand daran zweifelt, dass viele als autistisch diagnostizierte Kinder unter einer bestimmten biologischen (biochemischen oder neurologischen) Beeinträchtigung leiden. Das müsste, so denken wir, eine Menschenart (oder mehrere Arten) sein, die sich in die Biologie einfügt! Zu der Zeit, in der ich dies schreibe, ist aber keine Pathologie des Gehirns bekannt, und verschiedene vielversprechende Korrelate (PET-Scans etc.) scheinen nicht reproduzierbar zu sein. Beachten wir ferner, dass Autismus regelmässig in Gegensatz zur «normalen» Entwicklung eines Kindes definiert wird. (Vgl. dazu die Fussnote auf S. 60 mit der Definition im DSM-III-R)

Kanner berichtet von 11 Kindern, die fast von Geburt an «selbstbefangen» waren. Wenn sie hochgehoben wurden, nahmen sie abnorme Körperhaltungen ein. Sie brachten den Körperteil einer anderen Person nicht mit der betreffenden Person in Verbindung. Wenn normale Kinder durch eine Unterbrechung verärgert werden, blicken sie in das Gesicht des Störenfrieds; Kanners Kinder schlugen auf die fremde Hand oder jenen Körperteil ein, der sie störte. Die Kinder hatten ein erstaunliches Gedächtnis zum Auswendiglernen. Sie lernten nicht zu kommunizieren, aber viele von ihnen wiederholten wie ein Echo, was andere Leute sagten. Es bestand ein obsessives Bedürfnis, alles «gleich» zu belassen, und jede Anordnung von Objekten oder jedes Verhaltensmuster wurde zwanghaft wiederholt. Es gab ernsthafte Probleme sie zu füttern; während sonst Kinder mit einem Mangel an Zuwendung dazu neigen, sich zu überessen, wenn sie die Möglichkeit dazu haben, assen Kanners Kinder wenig und hielten sich von allem Lebendigen fern – waren aber fasziniert von unbelebten Objekten. Die Spielsachen, die sie wählten, waren unbeseelt, manchmal mechanisch, und nicht kuschelig. Die Kinder hatten einen ausgeprägten drastischen Zwang, Objekte immer in derselben geometrischen Anordnung zu behalten.

Kanners Kinder, die aus der Johns Hopkins-Klinik stammten, hatten sehr erfolgreiche Workaholic-Eltern. Bald schon betrachtete man den Autismus als angeborene Unfähigkeit, sich auf Leute zu beziehen, verstärkt durch Eltern, die dies auch nicht gut konnten. Damals benotete man die Zeugnisse der Kinder an den öffentlichen Schulen in Nordamerika gemäss ihrer Fähigkeit, mit anderen Kindern desselben Alters und mit ihren Lehrern «in Beziehung zu treten». Wer tiefere Bewertungen hinsichtlich der Beziehungsfähigkeit erhielt, wurde mit grosser Schuld beladen. Ich kann das aus eigener Erfahrung als siebenjähriges Kind (1943) im Hinterland einer kanadischen Provinz, weit entfernt von den Kerngebieten solcher Doktrinen, bestätigen.

Kanner betonte den Mangel an Bezogenheit und beschrieb Eltern, die ihre Kinder in «emotionalen Kühlschränken» grosszogen. Im Jahre 1955 wurde dies dann als primäre Ursache des Autismus betrachtet: Er war also die Schuld der Eltern. Eltern solcher abnormer Kinder wurde geraten, sich jahrelanger intensiver Therapie zu unterziehen. Über 20 Jahre später postulierte Bruno Bettelheim (1967) immer noch genau dieses Konzept des Autismus. Beachten wir die moralische Verschiebung: Kanners Kinder waren einst als dumm, schwachsinnig (also schwach, schlecht) oder taub (also stumm, dumm) bezeichnet worden. Jetzt sind sie davon befreit. Es gibt keine Schuld auf ihrer Seite. Die Eltern sind emotionale Kühlschränke und das ist, während der ganzen Periode von 1938–1967, *schlecht.*

Der Autismus hat sich zu einem grossen Teil verändert: Die Autoren hörten auf, die ungewöhnlichen Körperhaltungen der Säuglinge hervorzuheben. 1955 war auch das Problem des Fütterns nahezu verschwunden (vgl. dazu aber die Fussnote S.60 betr. ICD-10 von 1992). In der Folge wurde die Störung immer häufiger als «psychobiologisch» beschrieben. Das *Diagnostische und statistische Manual* (DSM-II) von 1968 machte keinen Unterschied mehr zwischen Autismus und einer (bestimmten) Untergruppe der Schizophrenie. Hier gab es eine gewisse Treue gegenüber Bleuler, aber es gab auch einen starken Widerstand, die autistischen Kinder überhaupt als eindeutige Art anzuerkennen. Vergessen Sie auch nicht die bereits erwähnte Änderung des Titels in der führenden Zeitschrift für Autismus von *Journal of Autism and Childhood Schizophrenia* (1971) zu *Autism and Developmental Disorders* (1979), auf die ich bereits hingewiesen habe. Es war dies das Jahrzehnt, in dem der Autismus von der Schizophrenie losgelöst wurde, z.B. durch die Epidemiologie: 75 Prozent der autistischen Kinder sind männlich, und Autismus beginnt im frühen Kindesalter; bei der Schizophrenie ist dieses Ungleichgewicht in der Geschlechterverteilung nicht annähernd so ausgeprägt, und sie beginnt erst in der Adoleszenz. Dies ist ein Beispiel des charakteristischen, sich selbst bestätigenden Arguments, das wir in den Debatten über Menschenarten finden. Aufgrund unserer Diagnose finden wir messbare (hier: chronologische) Unterschiede zwischen zwei Populationen; ergo sind unsere Unterscheidungen und Diagnosen gesichert. 1980 stand im *Diagnostischen und statistischen Manual* (DSM-III) eine separate Definition des «infantilen Autismus», die allerdings durch Leute, die mit solchen Kindern arbeiteten, abgelehnt wurde. Die Definition im DSM-III-R, auf die ich mich in der Fussnote S. 60 bezogen habe, ist zwar geeigneter, wurde aber in den Vorschlägen für die nächste Ausgabe bereits wieder stark verändert.

Ein klassischer Aufsatz, der eine Übersicht zum Thema gibt (Sevin et al. 1991), listet fünf einigermassen klar voneinander unterscheidbare Systeme für die Diagnose des Autismus auf. Besonders hervorgehoben werden soziale Probleme, fehlendes Spielen mit anderen Kindern, ein Mangel an phantasievollem Spiel mit Objekten, ein Fehlen an Empathie und eine Unfähigkeit, Gefühle anderer Leute wahrzunehmen. Die Hälfte der Kinder entwickelt keine adäquate Sprache. Die klinischen Beschreibungen unterscheiden sich deutlich von denen jener Leute, die eng mit autistischen

Kindern zusammenarbeiten müssen und nicht deren Eltern sind. Mitarbeiter mit genügend Zeit und wenigen Betreuungsfällen entwickeln häufig enge emotionale Bindungen, während überarbeitete und unterbezahlte Mitarbeiter oftmals schnell darüber in Klagen verfallen, wie schwierig es ist, mit solchen Kindern «umzugehen». Wir haben es hier mit einer zweifellos biologischen Art zu tun, die dennoch gewandert ist: Steffenburg und Gillgerb (1989, S. 75) stellen in einem massgeblichen Artikel folgendes fest:

> «Es ist höchste Zeit, dass Autismus eher als ein administratives denn als ein Krankheitsetikett betrachtet wird. Autismus, ähnlich wie geistige Zurückgebliebenheit, ist keine Krankheit, sondern ein Überbegriff, der für eine Vielfalt von Krankheitsentitäten mit gewissen gemeinsamen Verhaltensmerkmalen steht.»

Dieser Hinweis kann Nützliches zur Typologie der Menschenarten beitragen; Autismus ist eine *administrative* Art, über die ich weiter unten noch etwas mehr sagen möchte.

Welche Wissenschaften sollen den Autismus erforschen? Ein Anwärter dafür ist sicher die Kognitionswissenschaft. Vielen Lesern wird die nachstehende Reihenfolge von Ereignissen bekannt sein. Premack und Woodruff (1978) haben Kriterien eingeführt, mittels deren entschieden werden kann, ob «ein Individuum über eine Theorie des Geistes verfügt». Darunter verstanden sie, dass «das Individuum sich selber und anderen geistige Zustände zuschreiben kann» (Premack und Woodruff 1978, S. 515). Philosophen, die den Artikel kommentierten (Jonathan Bennett, Daniel Dennett und Gilbert Harman), nahmen alle Bezug auf ein Konzept, das offenbar auf eine Idee zurück geht, die erstmals von Lewis (1969) beschrieben wurde: Zwei Subjekte beobachten einen Sachverhalt. Eines geht weg und in der Folge wird die Situation verändert; das andere Subjekt beobachtet die Veränderung. Verhält sich nun das zweite Subjekt in der Folge, wie wenn das erste immer noch (fälschlicherweise) glauben würde, dass der alte Sachverhalt weiter besteht? Zum Beispiel wird Kindern eine Keksdose gezeigt, und auch, dass diese Dose tatsächlich Süssigkeiten enthält. Einige Kinder gehen hinaus, und vor den Augen der bleibenden Kinder wird ein Plastik-Krokodil in die Keksdose gelegt. Erwarten diese, dass die anderen Kinder, wenn sie wieder zurückkehren, vom Inhalt der Dose überrascht sind? Wenn ja, dann schreiben sie den anderen Kindern Vorstellungen zu. Somit verfügen sie über den Kern einer Theorie des Geistes.

In den frühen 1980er Jahren wurden zahlreiche entwicklungspsychologische Experimente veröffentlicht, in denen es darum ging, den Zeitpunkt zu ermitteln, in welchem Kinder eine Theorie des Geistes erwerben und somit Anderen Glaubenssysteme zuweisen (Wimmer und Perner 1983; Perner und Wimmer 1985; Perner *et al.* 1989). Baron-Cohen *et al.* (1985) wandten schliesslich diese Methode auf autistische Kinder an. Sie verglichen Kinder mit Down-Syndrom und solche mit Autismus. Die Forscher fanden in diesen Untersuchungen auffallende Gegensätze in der experimentellen Fähigkeit, Anderen Überzeugungen zuzuschreiben: «Unsere Resultate ergeben starke Hinweise für die Hypothese, dass die Gruppe autistischer Kinder keine Theorie des Geistes anwenden können.» Diese Schlussfolgerungen sind mehrmals in noch ausgeklügelteren Exprimenten erhärtet worden. Es stellt sich jedoch heraus, dass es eine kleine Klasse von autistischen Kindern gibt (etwa eins von fünf), welche sehr wohl «Intentionalität zuschreiben». Kinder aus dieser Klasse verfügen im Allgemeinen über eine bessere Sprachfähigkeit. Dies passt gut zur Vorstellung von

Paul Grice, die von Sperber und Wilson (1986) und Dennett (1987) weiter ausgearbeitet wurde, dass sprachliche Kommunikation die Zuschreibung von Intentionen erfordert. Diese Forschung hat sich zu einem Gedankengut verfestigt, wie es in den von Baron-Cohen *et al.* (1991) zusammengetragenen Aufsätzen dargelegt wird.

Allerdings ist der Autismus nicht gänzlich im Besitz der Kognitionswissenschafter. Rosemary Crossley, eine Beschäftigungstherapeutin, die vor etwa 20 Jahren mit «gestützter Kommunikation» begann, kommt von der genau entgegengesetzten Seite her. Angefangen hatte sie mit Patienten, die unter zerebraler Lähmung litten, indem sie ihnen half, ihre Bewegungen zu kontrollieren. Der stützende Therapeut hält die Hand, die Schulter oder den Finger einer autistischen Person, die auf einer Tastatur Tasten drückt – in erster Linie, so wird gesagt, um zu verhindern, dass der Autist immer wieder auf die gleiche Taste drückt (Kontrolle der Fixierung auf «die Gleichheit»). Das Ergebnis ist eine erhebliche Steigerung der Fähigkeit, ein Verstehen anderer Menschen auszudrücken, als dies gemäss der Kognitionswissenschaft möglich wäre. Aber ist dies nicht alles das Werk des Therapeuten, der die Tasten ausgewählt hat? (Das Oberste Gericht von Victoria hat entschieden, dass dies nicht der Fall sei, und hat zu Gunsten eines Opfers einer zerebralen Lähmung entschieden, das mit Hilfe eines stützenden Therapeuten den Wunsch geäussert hat, aus einer Institution entlassen zu werden.) Das Vorgehen hat ziemlich strenge Tests bestanden, um allzu eifrige Unterstützung durch die Therapeuten auszuschliessen. So sieht der stützende Therapeut die vom Autisten beobachteten und an die Tastatur vermittelten Vorgänge nicht. Der Export der Methode aus Australien zeigte Wirkung: für ein hoch intellektuelles Fachpublikum in der *Harvard Educational Re-*

view (Biklen 1991); für ein gewöhnliches Publikum an meinem Wohnort in einer fünfteiligen Serie des Kanadischen Rundfunks im Jahre 1991 und in weiteren populären Medien. Die Methode hatte grossen Einfluss auf Interessen- und Selbsthilfegruppen, wie zum Beispiel (wiederum an meinem Wohnort) auf die *Autism Society of Canada*. Sie alle halten nichts von der Theorie, dass autistischen Kindern eine Theorie des Geistes fehle. Ihnen fehlen unterstützende Therapeuten. Vielerlei Arten von Kräften sind hier mit im Spiel. So macht beispielsweise Crossleys Star-Autist einen Universitätsabschluss. Autistische Kinder sind dementsprechend nicht dumm, nicht zurückgeblieben und nicht geistig behindert; sie leiden jedoch an einer unbekannten Benachteiligung. Dem Autismus haftet kein Stigma an, und darum ist es vielmehr unerlässlich, Kinder mit Schwierigkeiten als autistisch zu klassifizieren. Der Ansatz der Kognitionswissenschaft wird abgelehnt, denn gäbe es Kinder, die nicht denken, dass andere Menschen einen Geist haben, würden sie selber unmenschlich. Gibt es keine Wahrheit in dieser Angelegenheit? Gibt es da draussen keine echte Art (oder Arten) von Kindern, über die wir schliesslich etwas wissen werden? Das scheint mir keineswegs klar. Der Looping-Effekt wirkt auf die Art selber und ihre Hilfstruppen zurück – auf die Familie und alle andern Helfer – und natürlich auch auf die Erfolgsgeschichten, die schlicht die «Keine-Theorie-des-Geistes-Auffassung» ablehnen.

Ich möchte diesen Abschnitt mit der neuesten radikalen Wendung abschliessen. Autismus im Erwachsenenalter war während langer Zeit einfach als Kommunikationsschwäche unter Erwachsenen, die als Kinder autistisch waren, diagnostiziert worden. Erwachsene Autisten waren also gross gewordene autistische Kinder, die ihren Schwierigkeiten nicht entwachsen waren. Jetzt wird aber schon wieder eine neue Ansicht diskutiert: Es gibt Erwachsene, die offensichtlich normal sind, und dennoch unter einer Unfähigkeit leiden, über gewisse allgemeine Erfahrungsbereiche zu sprechen. Sie wären früher als Personen mit einer psychischen Störung betrachtet worden und hätten sich vielleicht einer Psychoanalyse unterzogen, um gewisse Verdrängungen zu beseitigen. Aber eine aktuelle Theorie, die von Therapeuten mit analytischer Ausbildung entwickelt wurde, hält dafür, dass solche Erwachsene unter «spezifischen Autismen» leiden. Somit wird das Stigma, psychisch gestört (verrückt) zu sein, durch etwas ersetzt, was das Bild des Patienten weniger beeinträchtigt.[8]

Administrative Arten

Es wurde vorgeschlagen, Autismus als eine «administrative» Entität zu betrachten. Wenn wir über die Ursprünge der Sozialwissenschaften nachdenken, ist dieses Konzept recht zwingend. Offensichtlich passt es zu den Klassifikationen in Volkszählungen. Es liegt in der Natur der Sache, dass eine administrative Art ziemlich unerwartete Wirkungen zeigen kann, so z.B., wenn «hispanic» zu einem Werkzeug der politischen Einheitlichkeit wird. Ein anderes Beispiel ist die «litauische Sprache», die zum Teil ein Erzeugnis von Immigranten in Pittsburgh und dem Statistischen Amt der USA ist (Peterson 1986). Das Konzept einer administrativen Art eignet sich auch für viele soziale Arten, wenn, wie ich meine, die Sozialwissenschaften gemeinsam mit dem bürokratischen Imperativ entstanden sind, abweichendes Verhalten zu unterscheiden, in Zahlen zu fassen, zu kontrollieren und zu bessern. Am Anfang wie am Ende wären damit

8 Herzlichen Dank an Malcolm MacIver für weit mehr Arbeiten über Autismus, als ich hier benützt habe.

Personen mit abweichendem Verhalten ein administratives Problem. Heutzutage hat das Schlagwort «administrativ» einen negativen Beigeschmack für jene, die eine biologische Art vorziehen, über die es biologisches Wissen gibt. Ähnlich ist auch das Bedürfnis zu verstehen, den Autismus sowohl als administrativ zu bezeichnen als auch zu sagen, dass darunter mehrere Arten dieser Störung zu verstehen sind, über die wir etwas herausfinden sollten. Genau dasselbe wurde früher über Kindsmissbrauch gesagt. Die Vorstellung einer administrativen Art lässt an Rivalität unter Beamten und an Kämpfe um Territorien denken. Dies war im Bereich des Kindsmissbrauchs von Anfang an sehr offenkundig, und gegenwärtig finden viele etwas gedämpftere Dispute darüber statt, wem der Autismus gehöre.

Der Begriff einer administrativen Art ermöglicht es, mehrere verschiedene Kategorien von Einwänden hinsichtlich meiner Looping-These zusammenzutragen. Selbstverständlich, so wird man sagen, kann es bei administrativen Arten zu Looping-Effekten kommen. Die Verwalteten reagieren auf ihre Verwaltung! Verwaltete Arten umfassen vermutlich eine Anzahl verschiedener natürlicher Arten, bei denen es keinen Feedback-Effekt gibt, und die in echten kausalen, vielleicht biologischen Beziehungen zueinander stehen. Man wird mir – ausser was die Kürze betrifft – nicht vorwerfen können, die Macht dieses Einwands zu unterschätzen. Ich verneine aber, dass es innerhalb der Menschenarten eine scharfe Trennlinie zwischen dem Naturgegebenen und dem Administrativen gibt. Zum Teil verneine ich dies wegen der Eigenschaften, die ich als für die Sozialwissenschaften wesentlich erachte wie auch für die Arten, mit denen sie sich beschäftigen. Zweifellos werden wir darüber debattieren. Da ich die Bedingungen für eine Debatte geschaffen habe, möchte ich mit einem weiteren und sehr neuen Merkmal der Menschenarten schliessen.

Selbst-zuschreibende Arten

Ich behaupte, dass Menschenarten das Produkt einer besondern Sicht der Wissenschaften vom Menschen sind. Sie sind auf zwei Achsen entstanden. Die eine ist die Achse der Naturwissenschaften. Nach 1815 sollten die Geisteswissenschaften dem Modell der quantitativen Naturwissenschaften nachgebildet werden – Wissenschaften, die ihrerseits einen bemerkenswerten Sprung nach vorne gemacht hatten, nachdem neue Formen von körperlichen Phänomenen zum Objekt von Messungen wurden. Im Besonderen wurde ihr Konzept von Kausalität mit demjenigen der Naturwissenschaft identifiziert, ein Schritt, der durch die positivistische Bewegung der 1820er Jahre unterstützt wurde, welche Verursachung als Regularität verstand. Ihre andere Achse war eine bürokratisch-statistische, die sowohl das Zählen als auch das Ordnen von Arten von Leuten erlaubte – die Analyse statistischer Regelmässigkeit als Ursache. Ich bezeichne diese beiden Achsen als vorherrschend, ohne dabei die Bedeutung des anti-statistischen Rückschlags herunterspielen zu wollen und das Beharren darauf, dass (vor allem in dem für die Sozialwissenschaften so wichtigen Bereich der medizinischen Forensik) das Individuum – und eben nicht die Gruppe – das Forschungsobjekt sei.

Innerhalb dieser beiden Achsen (und auch dann, wenn die dritte Achse, die Individualität, dieser Anordnung hinzugefügt wird) gibt es Wissen und Gewusstes. «Wir» wissen etwas über «sie». Es gibt viele Looping-Effekte, aber die Objekte des Wissens verhalten sich passiv und nehmen ihr Wissen über sich nicht selbst in die Hand. Die zweite Hälfte des zwanzigsten Jahrhunderts hat die Einführung einer radikal neuen Achse erlebt. Die Schwulenbewegung ist das klassische Beispiel dafür.

Ich habe *eine* offizielle Darstellung der Homosexualität erwähnt; nämlich dass der Homosexuelle als eine bestimmte Art von Person im späten neunzehnten Jahrhundert im medizinisch-forensischen Diskurs auftaucht und sich sofort ausbreitet. (Ein Kollege in Montreal, ein emigrierter chinesischer Psychiater, bemerkte in einem Aufsatz, dass es bis 1887 oder 1888 in China kein Wort mit der Bedeutung «homosexuell» gab, trotz zahlreicher Geschichten und schillernder Begriffe in der chinesischen Literatur. Ich musste ihm sagen, dass dies etwa zwei Monate oder eine Schiffsreise nach der Etablierung des Begriffs in Europa gewesen sein muss.) Übermässig vereinfacht ausgedrückt, war das Etikett «homosexuell» ein Begriff, der an den Stätten seines Auftretens anfänglich durch die Erkennenden auf die Erkannten angewendet wurde. Allerdings wurde er von den Erkannten schnell aufgegriffen, und die Schwulenbewegung war das natürliche Ergebnis davon. Eines der ersten Merkmale der Schwulenbewegung waren der Stolz der Schwulen und das Coming-out. Es wurde zum moralischen Imperativ für Menschen dieser Art, sich zu erkennen zu geben und sich einen selbstgewählten Artbegriff zuzuschreiben. Auf diese Weise wurden sie selber Wissende, wenn auch nicht die Einzigen, die zu solchem Wissen berechtigt waren.

Es gibt eine grosse Anzahl offensichtlicher Beziehungen zu anderen Kategorien, z.B. zu Rasse und Gender, zu «black pride» und zur Frauenbewegung. Dies ist erst der Anfang. Es hat sich ein sehr allgemeiner Prozess der Selbst-Zuschreibung entwickelt, und ich glaube, dass er – wir wissen noch nicht, wie – weiterhin auf Menschenarten einwirken wird. Es ist kein Zufall, dass die USA an der vordersten Front dieser Bewegung stehen (so wie das nachrevolutionäre, postimperiale und bürokratisierte Frankreich für die Menschenarten das Ursprungsland war). Es gibt dafür zwei

Gründe. Der eine ist, dass die Rechte im amerikanischen sozialen Bewusstsein eine wesentlich grössere Rolle spielen als sonst irgendwo auf der Welt. Leute einer Menschenart fordern ihre Rechte, oder Leute, die mit dieser Art verbunden sind, fordern Rechte für Angehörige dieser Art. Der zweite Grund ist der, dass die USA eine einmalig demokratische Gesellschaft sind (mit den meisten der von Platon verabscheuten Eigenschaften des *demos*), welche sich unter anderem über Rede- und Informationsfreiheit definiert. (Sie dürfen mich nicht missverstehen, Lobpreis liegt mir so fern wie Neid: mein eigener nationaler Ethos ist diesbezüglich auf der Seite Platons).

In letzter Zeit hat es ein bizarres Wuchern von Selbsthilfegruppen gegeben. Ihr zentrales Merkmal war die Selbst-Zuschreibung; ihre Rhetorik ist jene der Selbstbestimmung. Neue Kategorien tauchen auf. Eine der einflussreichsten war jene der Behinderten. Diese Kategorie ist, wie so viele der Angelegenheiten, die Menschen betreffen, eine administrative. Sie umfasst eine Unterklasse jener, die in dieser oder jener Beziehung nicht über «normale» Fähigkeiten verfügen. Das Etikett entstand während des Zweiten Weltkriegs, als Verfahren geschaffen wurden, um Leuten mit diversen Arten von Behinderungen zu ermöglichen, in unterbesetzten Industrien zu arbeiten. Es gab viele Arbeiten, die Leute mit verschiedenartigen Benachteiligungen völlig zufriedenstellend ausüben konnten. In der Folge entstanden Interessengruppen, welche die Rechte von Leuten mit verschiedenen Behinderungen vertraten. Die alten pejorativen Etiketten – Krüppel, blöde, retardiert, schwachsinnig – wurden ersetzt. Die betreffenden Leute übernahmen diese Etiketts gerne und wurden Mitglieder von Interessenverbänden – oder ihre Freunde oder Familienmitglieder taten es für sie.

Das Ende dieses Prozesses der Selbst-Zuschreibung, oder auch der Zuschreibung und anschliessenden Zurückweisung, ist kaum in Sicht: beachten Sie die aktuelle Zurückweisung von «Hispanic» durch einige jener Leute, für die der Begriff erfunden wurde, und seine Ersetzung durch «Latino» und andere selbstbekennende Untergruppen. Ich habe auf Gesellschaften zur Unterstützung von Autisten hingewiesen, mit Einschluss von aktivistischen Gruppen, Selbsthilfegruppen für Familien mit autistischen Kindern und Gruppen, deren Mitglieder autistische Individuen verschiedener Altersklassen sind. Vor einem Jahrzehnt habe ich einen unvorsichtigen Vergleich angestellt, indem ich die multiple Persönlichkeit und die Homosexualität als Menschenarten einander gegenüber gestellt habe. Ich sagte, dass es niemals spezielle Bars für Menschen mit einer multiplen Persönlichkeitsstörung geben werde. Mittlerweile existieren soziale Gruppen für multiple Persönlichkeiten, und man hat mir gesagt, dass es in Denver tatsächlich eine Multiplenbar gebe. (Darin liegt auch ein Beitrag des New Age, also wird die Devise heissen: Heute Denver, morgen Memphis – und Lyon nächste Woche?) Selbsthilfegruppen neigen dazu, eine Menschenart zu remoralisieren. Einige davon sind sogar nach dem Modell der Anonymen Alkoholiker angelegt und entwerfen ihre eigenen Zwölf-Schritte-Programme.

Dies ist der richtige Moment, um die Diskussion zur Einführung der Looping-Effekte auf Menschenarten abzuschliessen. Wir machen die Erfahrung eines völlig neuen Typus von Looping-Effekt, wenn so viele der Arten Rechte auf ihr eigenes Wissen geltend machen.

Quellenangaben

American Psychiatric Association (1987). *Diagnostic and statistical manual of mental disorders III (Revised)*. American Psychiatric Association, Washington, DC.

Baron-Cohen S., Leslie, A. M. and Frith, U. (1985). Does the autistic child have a 'theory of mind'! *Cognition 21*, 37–46.

Baron-Cohen, S., Tager-Flusberg, H., Cohen, D. and Volmar, F. (ed) (1991). *Understanding other minds: perspectives from autism.* Oxford University Press.

Bettelheim, B. (1967). *The empty fortress: infantile autism and the birth of the self.* MacMillan, London.

Biklen, D. (1990). Communication unbound: autism and praxis. *Harvard Educational Review 60*, 291–314.

Desrosières, A. (1993). *La Politique des grands nombres.* La Découverte, Paris.

Dennett, D. C. (1987). *The intentional stance.* MIT Press, Cambridge, MA.

Douglas, M. (1986). *How institutions think.* Syracuse University Press.

Gilbert, W. (1991). Towards a paradigm shift in biology. *Nature 349*, 99.

Gould, S. J. (1981). *The mismeasure of man.* Norton, New York.

Hacking, I. (1986). Making up people. In *Reconstructing individualism* (ed P. Heller, Sosna, M., and Wellberry, D.), 222–36. Stanford University Press.

Hacking, I. (1990). The normal state. *The taming of chance*, Chapter 19, 160–9, see also 178 ff. Cambridge University Press.

Hacking, I. (1991). The making and molding of child abuse, *Critical Inquiry 17*, 235–58.

Hacking, I. (1992a). 'Style' for historians and philosophers. *Studies in the History and Philosophy of Science 22*, 1–20.

Hacking, I. (1992b). Multiple personality disorder and its hosts. *History of the Human Sciences 5* (2), 3–31.

Hacking, I. (1992c). World-making by kind-making: child abuse for example. In *How classification works* (ed M. Douglas and D. Hull), 180–238, Edinburgh University Press.

Hall, G. (1904). *Adolescence. Its psychology and its relation to physiology, anthropology, sociology, sex, crime, religion and education.* Appleton, New York.

Herman, J. L. (1992). *Trauma and recovery.* Basic Books, New York.

Kanner, L. (1943). Autistic disturbances of affective contact. *Nervous Child 2*, 217–50.

Lewis, D. (1969). *Convention: a philosophical study.* Harvard University Press, Cambridge, MA.

Perner, J. and Wimmer, H. (1985). *'John thinks that Mary thinks that...'* Attributions of second-order beliefs by 5- and 10-year old children. *Journal of Experimental Child Psychology 9*, 315–60.

Perner, J., Leekham, S. R. and Wimmer, H. (1989). Exploration of the autistic child's theory of mind: knowledge, belief and communication. *Child Development 60*, 689–700.

Petersen, W. (1986). Politics and the measurement of ethnicity. In *The politics of numbers* (ed W. Alonso and P. Starr), 187–233. Sage, New York.

Premack, D. and Woodruff, G. (1978). Does the chimpanzee have a theory of mind? *Behavioral and Brain Sciences 4*, 515–26.

Sevin, J. A., Matson, J. L., Coe, D. A., Fee, V. E., and Sevin, B. M. (1991). A comparison of three commonly used autism scales. *Journal of Autism and Developmental Disorders 21*, 417–32.

Sperber, D. and Wilson, D. (1986). *Relevance: communication and cognition*. Blackwell, Oxford.

Steffenburg, S. and Gillberg, C. (1989). The etiology of autism. In *Diagnosis and treatment of autism* (ed C. Gillberg). Plenum, New York.

Stein, E. (1992). The essentials of constructionism and the construction of essentialism. In *Forms of desire* (ed E. Stein), 295–325. Routledge, New York.

Wimmer, H. and Perner, J. (1983). Beliefs about beliefs: representation and constraining function of wrong beliefs in young children's understanding of deception. *Cognition 13*, 103–28.

World Health Organization (1992). *The ICD-10 classification of mental and behavioural disorders. Clinical descriptions and diagnostic guidelines*. World Health Organization, Geneva.

Über den Verfasser

Ian Hacking wurde 1936 in Vancouver geboren. Er war Professor für Philosophie an der Universität Toronto. Von 2000 bis 2006 hatte er die Professur für Philosophie und die Geschichte wissenschaftlicher Begriffe am Collège de France inne. Von der Universität Bergen wurde ihm 2009 der Holberg-Gedenkpreis verliehen. Seine wichtigsten Buchveröffentlichungen sind: The Logic of Statistical Inference (1965); Why Does Language Matter to Philosophy? (1975); The Emergence of Probability (1975); Representing and Intervening (1983), deutsch (1996): Einführung in die Philosophie der Naturwissenschaften; The Taming of Chance (1990); Rewriting the Soul: Multiple Personality and the Sciences of Memory (1995), deutsch (1996): Multiple Persönlichkeit; Mad Travellers: Reflections on the Reality of Transient Mental Illness (1998); The Social Construction of What? (1999), deutsch (1999): Was heisst «soziale Konstruktion»?; An Introduction to Probability and Inductive Logic (2001); Historical Ontology (2002), deutsch (2002): Historische Ontologie

Nachwort

Was ist eine psychische Krankheit?

Peter Schneider

Wissenschaften finden die Gegenstände und Probleme, die sie untersuchen, nicht einfach vor. Sie müssen sie erst in bestimmter Weise für ihre Zwecke herstellen, präparieren, klassifizieren, kurz: konstruieren, um etwas über sie herausfinden zu können. Das ist auch in der Psychiatrie nicht anders.

An einer psychischen Krankheit zu leiden, ist schlimm genug. Noch schlimmer aber, so sagt man, sei die Stigmatisierung durch die Diagnose, psychisch krank zu sein. Um dieser Diskriminierung entgegenzuwirken und deutlich zu machen, dass psychische Krankheiten «ganz normale» Krankheiten sind, Krankheiten wie alle anderen auch, haben die Autoren der diagnostischen Manuale eines Tages beschlossen, psychische Krankheiten fortan nicht mehr als «Krankheiten», sondern als «Störungen» zu klassifizieren. Ob nun ein psychisch Gestörter sich weniger stigmatisiert fühlt als vormals ein psychisch Kranker, sei dahingestellt. Aber die aufgewendete Wortmagie beweist paradoxerweise genau das, was sie eigentlich dementieren wollte: Psychische Krankheiten sind ganz offensichtlich nicht Krankheiten wie alle anderen Krankheiten auch. Was aber macht psychische Krankheiten zu derart eigenartigen Gebilden, dass selbst der Versuch, sie durch Umbenennung zu «normalisieren», ihre Sonderrolle im System der Diagnosen nur noch stärker unterstreicht?

Das grassierende Lob «ganzheitlicher» Betrachtungsweisen kann kaum darüber hinwegtäuschen, dass es gerade die Isolierung der Krankheit vom Kranken gewesen ist, welche die heutige Medizin so erfolgreich gemacht hat. Das klassische Modell dafür liefert die Entdeckung und Behandlung der Infektionskrankheiten. Der Krankheitserreger kann unabhängig von dessen Träger kultiviert und untersucht werden. Das Bakterium fungiert – wie es der französische Psychopharmakologe und Wissenschaftshistoriker Philippe Pignarre genannt hat – als ein «zuverlässiger Zeuge». Es bezeugt die Entstehung der Krankheit ebenso wie die Wirksamkeit der Therapie: Setzt man es einem Antibiotikum aus, stirbt es.

Ab wann ist eine Krankheit nicht mehr «psychisch»? Um psychische Krankheiten zu «ganz gewöhnlichen» Krankheiten zu machen, brauchte es einen vergleichbaren zuverlässigen Zeugen. Zuweilen tauchen solche Zeugen auf: Das Zeugnis des Elektroenzephalogramms (EEG) etwa hat dafür gesorgt, dass die Epilepsie aus dem Zuständigkeitsbereich der Psychiatrie in den der Neurologie ausgewandert und damit – trotz vieler ungeklärter Probleme hinsichtlich ihrer Entstehung – eine «gewöhnlichere» Krankheit geworden ist, als sie es vor hundert Jahren war. Epilepsie ist nicht mehr «psychisch».

Konsequenterweise müsste der grosse Traum der modernen biologischen Psychiatrie darin bestehen, sich als eigenständige Disziplin aufzulösen, indem sie irgendwann einmal in der Lage ist, psychische Störungen in richtige Krankheiten zu übersetzen. Dazu wäre es nötig, die unzuverlässige Zeugenschaft des psychisch Kranken («Gestern ging es mir schlecht, heute schon viel besser, denn die Stimmen, die ich höre, meinen es heute gut mir, obwohl ich gerade heute meine Medikamente nicht genommen habe») durch objektivere Zeugnisse zu ersetzen. Als solche kommen heute etwa im Magnetresonanz-Tomographen erzeugte Computerbilder in Frage, welche das Gehirn gleichsam bei der Arbeit zeigen (funktionales MRI) oder auch Messwerte, welche uns Mängel oder Überschüsse gewisser Hormone aufzeigen. In dem Masse, in welchem die Abstützung auf solche Beweise fortschreitet, verändert sich unser Gebrauch des Wortes «psychisch». Man könnte sich einen Mann der näheren Zukunft vorstellen, der wegen dauernder Niedergeschlagenheit und Antriebslosigkeit zum Arzt kommt und von diesem anhand eines Hirn-Scans die Diagnose «Unterfunktion der Amygdala» erhält. «Früher», so ergänzt der Arzt, «hätte man dem ‹Depression› gesagt.» Erleichtert atmet der Patient auf und sagt: «Und ich hatte schon befürchtet, es sei bloss psychisch.» Desgleichen wäre es denkbar, dass bei einer Routineuntersuchung im Jahre 2025 bei einem Patienten eine «Zwangsstörung» entdeckt wird, von der dieser bislang noch nichts ahnte, gegen die er jedoch nun ein Medikament erhält, das aufgrund der Analyse seines Genoms auf ihn massgeschneidert wurde.

Trotz tatsächlich verblüffender Ergebnisse der Neurowissenschaft und entgegen manch vollmundigen Versprechungen ist eine solche Diagnostik bis heute Zukunftsmusik und wird es möglicherweise auch bleiben. Bis anhin behilft man sich damit, den Mangel an leidlich eindeutiger Objektivierung durch das Postulat komplexer «biopsychosozialer» Zusammenhänge gnädig zu kaschieren – Zusammenhänge, von denen niemand so recht weiss, wie sie denn eigentlich «zusammenhängen». Es sei denn, man deutet diese Zusammenhänge rein statistisch. Aber obwohl gerade die bildgebenden Verfahren der Hirnforschung alles andere als direkte Abbildungen des Hirns liefern, sondern vielmehr in die Gestalt des Hirns projizierte statistische Diagramme darstellen (also Abweichungen von aus vielen Hirnen zusammengerechneten Durchschnittmustern), hat die Statistik in der medizinischen Krankheitslehre einen schweren Stand. Das Ideal exakter medizinischer Ätiologie und Diagnostik bleibt die lückenlose Kausalität – auch dort, wo man in der Praxis längst mit Lücken zu leben gelernt hat und diese unter vornehmen Stichworten wie «Resilienz» zu fassen versucht.

Psychisch oder krank, historisch oder objektiv? Die Psychiatrie kämpft mit einem dauerhaften Ärgernis: der seltsamen Doppelnatur psychischer Krankheiten, entweder psychisch oder Krankheit zu sein. Als Krankheit entfleuchen sie tendenziell in andere medizinische Disziplinen, als psychische Phänomene bleiben sie subjektiv, schwammig und schwer fassbar. Sie wirken wie «bewegliche Ziele», um einen Terminus Ian Hackings zu gebrauchen. Kurz, sie wirken wie historische, und nicht wie (natur-)wissenschaftliche Gegenstände.

Krankheiten vergangener Zeiten und fremder Kulturen erklären wir historisch: Die Alten glaubten, dass die Melancholie durch ein Ungleichgewicht der Körpersäfte verursacht werde. Die Lehre von den Körpersäften geht ihrerseits zurück auf die Lehre von den vier Elementen: Feuer, Wasser, Luft und Erde, welchen wiederum vier Temperamente zugeordnet waren ... Uns selbst erklären wir auf wissenschaftliche Weise: Depression ist die Folge einer Störung des Serotonin-Stoffwechsels im Gehirn. Moderne Psychopharmaka greifen in diesen Stoffwechsel ein, indem sie ... Auf diese Weise machen wir unser Weltbild «objektiv» und unterscheiden es von den Weltbildern vergangener Zeiten und vom Glauben der vormodernen Wilden. Diesem gängigen Muster der Verwissenschaftlichung setzen die psychischen Krankheiten nun einen erheblichen Widerstand entgegen. Denn solange sie nicht genetisch, physiologisch, neurologisch o.ä. objektiviert wurden, sondern irgendwo in einem undurchschaubaren «psycho-bio-sozialen» Feld angesiedelt sind, sind sie auf eine Weise «geschichtlich», welche es schwierig macht, sie als wissenschaftliche Gegenstände zu präparieren. Die «Depression» ist auf dem Weg ihrer Naturalisierung weit fortgeschritten; aber es tauchen immer wieder neue psychische Störungen auf wie etwa das «Burnout-Syndrom» oder die «komplizierte Trauer» (complicated grief disorder), welche offenkundig nicht «natürliche Arten» sind wie vielleicht gewisse Formen der Depression oder möglicherweise die Schizophrenie. Psychische Krankheiten werden nicht entdeckt, wie man neue Tierarten entdeckt; und sie sterben auch nicht auf dieselbe Weise aus.

Warum boomen manche Krankheiten zu gewissen Zeiten und in gewissen Gegenden – wie die «multiple Persönlichkeit» – und verschwinden anschliessend wieder? Die Antwort, es habe sich möglicherweise bei solchen flüchtigen Krankheiten bloss um eingebildete und nicht um wirkliche Krankheiten gehandelt, ist unbefriedigend. So, als ob man einem Psychotiker erklärte, er sei nicht krank, weil die Stimmen, die er hört, nur in seiner Einbildung existieren. In der neunten Ausgabe der von der Weltgesundheitsorganisation herausgegebenen «Internationalen Klassifikation der Krankheiten» (ICD-9) ist Homosexualität als Krankheit aufgeführt; seit 1992, mit der ICD-10, gibt es die Krankheit «Homosexualität» nicht mehr. Welche neuen wissenschaftlichen Erkenntnisse haben zur plötzlichen Gesundung von Abermillionen vormals kranker Menschen beigetragen? Wie kann man sich das Auftauchen der «Hypersexualitätsstörung» erklären, welche in die angekündigte fünfte Fassung des «Diagnostic and Statistical Manual of Mental Disorders» (DSM-V) Einzug halten wird? Als Folge der Internet-Pornografie oder als Fehlfunktion einer bestimmten Hirnregion? Taucht in der «komplizierten Trauer» die alte

«Melancholie» wieder auf, die hinter der «Depression» ganz verschwunden zu sein schien? Was wird aus den Schleudertraumatikern und Schmerzpatienten werden, wenn die IV ihr Leiden als ein lediglich psychisches betrachtet, das deswegen zu keiner Invalidenrente mehr berechtigt?

Diese Fragen sind keineswegs polemisch gemeint. Vor etwa 30 Jahren beschlossen die Herausgeber der grossen Diagnose-Manuale DSM und ICD, sich bei der Kategorisierung der psychischen Störungen auf die Beschreibung von Symptomen zu beschränken, die für die Diagnose einer Störung vorhanden sein müssen, und sich dabei vollständig theoretischer Erklärungen zu enthalten. Während der Verzicht auf Darstellung der Entstehungsursachen bei allen anderen Krankheiten als absurd betrachtet würde, schien er im Zusammenhang der Klassifikation von psychischen Störungen als Befreiung von unerquicklichem psychiatrischem Schulstreit. Diese Befreiung hatte indessen eine interessante Nebenwirkung: Deutlicher als je zuvor erscheinen die psychischen Krankheiten nunmehr als Effekte von Klassifikationen und weniger als Effekte einer theoretisch postulierten Ursache. Sie wurden zu Gegenständen, welche sich mit der Art ihrer Kategorisierung, mit der Neuordnung und Umgruppierung von Symptomen verändern. Was nicht bedeutet, dass sie dadurch weniger «real» werden; sie sind nur auf andere Weise «wirklich» als beispielsweise Infektionskrankheiten.

Die seltsame Formel von der bio-sozio-psychischen Entstehung psychischer Störungen wird am ehesten verständlich, wenn man sie nicht als ein Drei-Faktoren-Modell der Verursachung (Genetische Bedingungen plus soziale Umstände plus biographische Ereignisse ergeben zusammen eine Krankheit), sondern als ein Koordinatensystem von verschiedenen Beschreibungs-, Klassifikations- und Erklärungsmodellen auffasst. Die Position, die eine psychische

Krankheit im bio-sozio-psychologischen Dreieck hat, ist dabei keineswegs fix, sondern über die Zeit variabel. Und diese Position ist keineswegs gesichert, sondern häufig genug heftig umkämpft. Bei diesen Kämpfen geht es dann um Fragen wie: Ist die kindliche Aufmerksamkeits- und Hyperaktivitätsstörung ADHS überhaupt eine Krankheit? Wird vielleicht ein vormals nicht ungewöhnliches Verhalten wilder Knaben nunmehr unter dem Druck zu mehr Angepasstheit in der Schule pathologisiert? Und leben wir nicht überhaupt in übererregten Zeiten? Wie kommt es dann aber, dass ausgerechnet ein Medikament (Ritalin), das bei gesunden Erwachsenen aufputschend wirkt, die zappeligen Kinder beruhigt? Solche Fragen schieben die Krankheit ADHS im bio-sozio-psychologischen Dreieck hin und her. Man kann ähnliche Fragespiele als Gedankenexperiment mit verschiedenen psychischen Krankheiten anstellen. Und man wird feststellen, dass dabei verschiedene psychische Krankheiten einen je anderen Drall entwickeln können.

Die Psychopharmakologie, die Neurowissenschaft und die Genetik sorgen im Moment dafür, dass dieser Drall kräftig in Richtung «bio» geht. Was darüber jedoch leicht vergessen wird, ist die Tatsache, dass die nunmehr vorwiegend biologisch erklärten psychischen Störungen ihre jeweilige Gestalt historischen Prozessen verdanken. Und zwar nicht allein, weil diese Erkrankungen mit einer persönlichen Biographie verknüpft sind, sondern auch, weil die Klassifikationen, Abgrenzungen und Kriterien, die sie definieren, weder ewig noch «natürlich», sondern geschichtlich sind.

Das «Ende der Geschichte» dürfte darum auch in der Psychiatrie noch nicht angebrochen sein.

Quellenangaben zum Nachwort

Hacking, I. (2007). Kinds of People: Moving Targets. *Proceedings of the British Academy 151*, 285–318.

Pignarre, P. (2006): *Psychotrope Kräfte. Patienten, Macht, Psychopharmaka*. diaphanes, Zürich/Berlin.

Über die Übersetzer

Patricia Kunstenaar lebt und arbeitet als Psychoanalytikerin und Übersetzerin in Zürich.

Peter Schneider lebt und arbeitet als Psychoanalytiker und Autor in Zürich und lehrt als Privatdozent an der Universität Bremen. Zusammen mit Bruno Deckert ist er Herausgeber und Verleger der «sphèressays».

Josef Zwi Guggenheim lebt und arbeitet als Psychoanalytiker und Psychiater in Zürich.

Bände in der Reihe «sphèressays»

Die Bildungsblase und der Verfall der universitären Autorität
Peter Schneider
2010, 47 Seiten
ISBN 978-3-905933-00-0

ADHS – Eine Krankheit wird erwachsen
Netzwerk Entresol (Hrsg.)
2012, 124 Seiten
ISBN 978-3-905933-03-1

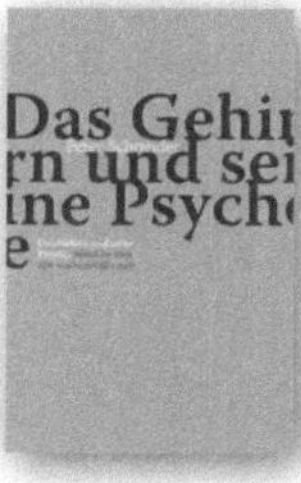

Das Gehirn und seine Psyche. Versuche über den *neuroscientific turn*
Peter Schneider
2012, 76 Seiten
ISBN 978-3-905933-01-7

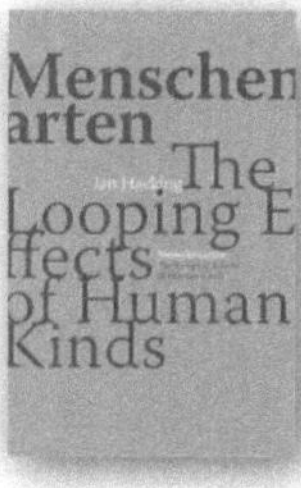

Menschenarten. The looping Effects of Human Kinds
Ian Hacking
2012, 87 Seiten
ISBN 978-3-905933-02-4